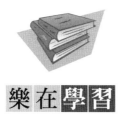

樂在學習

台大特訓班

國文 CHINESE
英文 ENGLISH
數學 MATHEMATICS
歷史 HISTORY
地理 GEOGRAPHY
化學 CHEMISTRY
物理 PHYSICS

學測指考滿級分研究小組——著

CHAPTER
ONE

我們就這樣考上台大

台大生不藏私筆記術

CHAPTER
ONE

我們就這樣 考上台大

想進台大，就得充分掌握念書的技巧和方法，
台大熱門科系榜首、滿級分同學，
親自傳授考上第一志願的讀書心法！

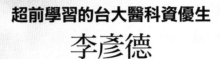

超前學習的台大醫科資優生
李彥德

台大醫學系（雙主修物理學系）
學測滿級分
台中一中數理資優班

　　目前就讀台大醫學系的李彥德，同時雙主修物理學系，他在高中時就已累積了大大小小的數理競賽得獎紀錄，表現十分傑出。

　　彥德以國中基測兩百八十八分，考上台中一中數理資優班後，因為對自然科學的興趣與熱忱驅使，從此展開了一路超前的學習歷程。

　　彥德高一時參加了清華大學物理系舉辦的「高中資優生科學人才培訓計畫」，並且進入化學奧林匹亞選拔訓練營，雖然他在化學方面遙遙領先，但他對於物理特別有興趣，覺得物理是門很有邏輯的學科，用幾個簡單的定律，就可以描述許多自然界的現象。

　　為了比競賽，他高一就開始讀微積分，也開始念大學物理，他解釋自己並不是特例，他身邊的同學也是如此。「不知道是不是學校風氣，我已經算是比較慢了，我們班有些國三就已經在學高三的東西了。因為聯考也是考那些東西，所以你超前學習，等於就是再多複習一遍。」

補習是資源

在高中三年當中，彥德每一個科目都補習過，有人認為成績不好才需要補習，而他的看法是：「補習就是一個資源，看你怎麼使用它而已。」

補習班整理好的各科重點，能幫助他在最短時間內得到最大的考試效益。

「在學校時又聽一遍，就更不會忘了。」他說。

高一和高二時投入各種競賽、讀書會，和校外活動的彥德，一直是以自己的步調來念書。他在班上的成績大約維持第五名到第十名之間，對於學校的大小考試，並沒有太在意。這是因為他非常清楚自己的目標是學測指考，就不輕易被學校考試成績所影響，寧願把時間拿來做「更有意義的事情」，而他所謂「有意義的事情」，就是參加競賽，因為他覺得能夠自己安排進度，並且完整學習一塊喜歡的領域，是一件很快樂的事情。

他說競賽其實就是比較有系統地學習一個知識，參加過難度高的競賽之後，再回頭看指考，就會覺得簡單得多。

高三時，為了準備學測，他每天放學回家後會念書二到三個小時，但是每天晚上十二點鐘之前一定睡覺，從來不熬夜。此外，他習慣一次專心念一個科目，他說：「我不會每個小時換一個科目來念，因為一科只花一、兩個小時念，其實沒有辦法對整個章節有完整的概念。」

尤其他對於數理科特別有興趣，常常一拿起數理課本，就進入渾然忘我的境界，至於最讓他感到頭痛的「背科」，

他絕對不在感到疲累的時候念，通常他會在早上精神狀態最好的時候念。

國文和英文靠實力累積

國文和社會科是彥德最不擅長的科目，而這些科目他說都無法速成，必須靠平日穩紮穩打地累積實力。像是指考國文選擇題當中有許多國學常識，必須熟讀課本和補充講義。

雖然他不是很喜歡背書，但為了考試，還是會背誦古文。一般來說，古文都有脈絡可循，先掌握了這個脈絡，背起來就比較輕鬆，而且也記得更牢。

國文作文多背名言佳句

彥德說準備國文作文的不二法門就是多看多寫。

他會閱讀一些作文範本裡的文章，把裡面的名言佳句背起來，應用在作文上。

「適當引用這些句子，能讓你的作文看起來很有文采，但是必須言之有物，不然堆砌詞藻會突顯內容的空泛。」

他說國文作文很重要的是，必須要有想法，而且這個想法要能引起閱卷老師共鳴才行。

平常他也會看一些歷屆作文考古題，從這些考古題中找出一些關鍵字，這些關鍵字常常是國文老師希望學生在作文中寫到的人生經驗，例如「我最感動的事」、「影響我最深的事」，下次考試時看到作文題目就不會感覺陌生。

除此之外，他也研究各種類型作文題目，包括論說文、敘事文和抒情文該如何下筆。高三時他每週都會寫一篇國文作文請老師批改，如果老師沒有定題目就自己找題目來寫，一步步累積寫作經驗，提升自己的國文寫作能力。

社會科直接念總複習講義

台中一中數理資優班在高二時並沒有將社會科排入課程中，因此彥德高三時才開始念社會科。

為了節省時間，他直接念總複習講義，他甚至買了好幾種不同版本的講義，從這些講義中找出共同的重點，反覆研讀，他說這樣做要達到學測十五級分不難，投資報酬率也比較高。

文科考試時先瀏覽題目、圈關鍵字

當考卷一發下來時，彥德習慣先將考卷從頭到尾瀏覽一遍。國文和英文的作文題目一定要先看，當他開始寫考題時，也會一邊思考作文該如何下筆。

他提醒同學們看考題時要一邊圈關鍵字，像是國文題目要問下列何者為描述春天景色的文句，選項當中如果有出現「杏、柳、木棉」等關鍵字，就可以直接判定為該選的選項（不過偶爾要小心例外），這樣便可以增加作答的速度與精準度。

背英文單字時連例句一起背

彥德說學英文最重要的是多看多聽，接觸多了就有語感。

同一個單字會有好幾種意思，因此在背單字時最好把它們都記下來。他自己在背單字時，會連例句一起背，並且把一些不錯的例句背下來，應用在英文作文上。

多看作文範本對英文作文也有幫助，他會將作文範本裡一些不錯的文章背誦下來。在背誦英文範文時，不要從第一個字開始背，而是先完整看過文章一遍，思考一下每段內容談論的重點是什麼。舉例來說，先了解文章主題是internet，第一段大意是目前的網路流行現象，第二段是使用網路的習慣；接著縮小範圍，找出第一段常出現的詞有「Immediate communication」，第二段常出現的詞有「Mobile Internet Device」，把這些母語人士常用來描述特定概念的字詞記憶下來，下筆時用詞會更到位、思考更快速。

此外，他也會找學校英文老師或補習班老師做一對一的作文指導，對於提升自己的英文寫作實力很有幫助。

不要閱讀太難的英文文章

多看英文課外讀物，可以充實英文能力，因此彥德在高中時會固定看《Student posts》和《雙語週刊》，但他提醒大家不要看內容太偏的英文文章，「找跟學測指考比較像的文章來看就好了。」他說。

數理科需要串連觀念

高三在準備數理科時，彥德很少念課本，主要是念學校老師自己編的講義。

彥德說數理科目和其他科目最大的不同，就是不需要記憶太繁瑣的細節，重要的是把觀念弄懂，考前再大量做題目就可以了。

他的數理科是超前學習，因此學過之後跟著學校進度再聽一遍時，就當作是複習。他在數理科目並不需要花很多時間，可以把時間用在其他需要記憶的科目上。

物理和數學考前大量做題目

「物理和數學是比較容易暴衝的科目。」彥德這番話，相信能令許多對物理和數學感到棘手的學生，重新燃起信心。

他說學這兩個科目，有個原則很重要，那就是觀念要清楚，例題要做過一遍，特別是，「長得很像學測指考題目的都要看過。」

他認為廣泛地接觸例題是最實際的。

「雖然這方法有風險，那就是一旦題型改變了，就反應不過來，若是從應付考試的角度去想，這個方法是最有效率的。」他說。

考試當下若是遇到沒有把握的題目，也可以站在出題者的立場思考，這個題目是想考什麼？

彥德說，其實高中數學教的內容不多，一種類型的題目，他的解題方法也只有那幾個，可以用「刪除法」，套看看哪一個方法可以解得出來，例如求極值的高中學到的只有八個方法：一元二次配方法、一元二次判別式法、算幾不等式、柯西不等式、畫圖法、參數法、微分、反函數法。如果題目要問極值是多少，那就把這八個方法每個都套套看，一定至少有一種可以解。有時他也會用超前學習學到的大學數學來解題。

化學要大量做題

他說化學這一科有兩大特色，一個就是「背很多」，一個就是「算很多」。「背很多」的是沉澱表、有機、金屬、非金屬元素，其實不需要將所有複雜的內容都背起來，從總複習講義當中，找出比較重要的考題方向來背就可以。

至於「算很多」的是計算溶液、酸鹼平衡、氧化還原，要大量演練題目，算到看到題目時就能夠直覺反應把最重要的算式列出來。他說自己最後衝刺化學時，會一次做五十個題目，反覆訓練自己的解題速度，上考場時更有信心。

生物科動手畫圖加強記憶

彥德說學生物其實不難，只要把圖畫出來，就能充分理解它的機轉，例如免疫、能量流轉那邊比較複雜，自己動手畫一遍可以加強理解與記憶。除此之外，念生物時要能串連

起每一個學期的課程內容，做有系統的整理，他舉例說明：從高一到高三都有學到「細胞」，只是難易度不同而已，因此複習時可以就「細胞」這個主題，將所有的課程內容整合，以達到事半功倍的效果。

各科都要做考古題培養題感

面對學測考試，彥德說做各科考古題很重要，除了可以培養題感，也能幫助掌握答題速度、分數落點，確保自己在考試當下，不會因為太緊張而失常。

每一次小考都要用心訂正

彥德說平時小考只是練習，考不好沒有關係，但一定要知道自己錯在哪裡，是背錯理解錯？還是考試時太緊張？對於每一個失誤都要加以修正才行，因為程度都在訂正後才會建立起來。

高三生考前準備

要有休閒活動，保持心情穩定

彥德的家距離學校比較遠，每天需要花一個小時的時間通車，因此，上了高三之後他就在學校附近租房子，以爭取更多念書的時間。

「在我租的套房裡沒有網路線，沒有電視，只有床和書桌。」他說，因此他可以不受外界干擾，專心地念書。不過，他的好友就住在對面，當他念書感到煩悶時，也會去找好友聊天、一起看電視和上網。

彥德學測時雖然拿到滿級分，但是沒有通過台大醫學系的第二階段甄試，只申請上了陽明醫學系。

「台大醫科第二階段還要考生物跑台、化學實作，不知道為什麼就沒有考得很好。」他說生物難度尤其高，會考到大二大三很偏的東西。

他們班上共有十一位學測滿級分同學，其中五位有甄試台大醫學系的同學都落榜，因此大家一起努力拚指考。他說有實力就不怕沒有路走，只要努力，一樣可以透過指考進入台大。

準備指考期間，他多半在學校念書，有時難免會念到心浮氣躁，此時，他會出去走走，或者去操場打籃球。他覺得在高三階段，有適當的休閒活動是非常重要的，保持心情穩定，念書會更有效率。

甄試小提醒

面試時穿著整齊清潔

　　一向凡事都做好準備的彥德，參加台大醫學系面試當天，也穿了非常正式的西裝應試，在眾多面試同學當中顯得特別突出。有了這次經驗之後，他發現面試時的穿著其實只要整齊，第一印象就可以過關了。

依照所申請的科系決定備審資料內容

　　彥德認為備審資料要依所申請的科系來決定準備方向和內容，可以在自傳中盡量強調自己的志趣符合所申請的科系。

　　他認為高中的社團經驗並不是重點，「我覺得台大醫學系喜歡多才多藝的學生，但是不喜歡太愛玩的學生。」此外，台大醫學系相當重視學生的高中在校成績。

　　許多同學在寄出備審資料前會給學校的國文老師看過，但是國文老師通常只看文句通順與否，他建議最好能請相同科系不同學校的教授，幫忙提點一下還有哪些地方需要補充。

面試前多做功課

　　在面試之前，他建議不妨看看台大醫學系大一大二所上的醫學人文相關課程，對於應答很有幫助。

　　「要回答到教授想聽的點，這點很重要。」他回憶起當年面試教授所提問的，多半和偏遠地區醫療、全民健保等有關的時事，因此想甄試台大醫學系的同學，一定要多關心時事話題，事前做功課。

從基測到學測都滿級分的高材生
黃琢懿

台大醫學系
學測滿級分
台中女中數理資優班

　　目前就讀台大醫學系二年級的黃琢懿，國中基測滿分，大學學測也滿級分；曾經拿下中區指考模擬考第二名，並且以台中女中全校第二名的成績畢業。學業成績傲人的她，在競賽方面也有優異的表現。

　　從高一開始，琢懿就對化學產生了濃厚的興趣。當時她參加了清華大學舉辦的高中生理化資優人才培訓計畫，固定隔週到清華大學化學系上課。「我覺得化學是一門介於理解和記憶之間的學科。」她尤其喜歡自己動手做實驗，曾和同學組隊參加清華盃化學競賽，奪得團體組冠軍；即便面對高三繁重的升學壓力，她依然沒放棄玩競賽，考進入了化學奧林匹亞選訓營。

獨立自主的學習

　　求學路上的一帆風順，甚至有多餘的時間去挑戰非一般人的夢想，琢懿認為最主要的原因是她在念書上一向獨立。

雖然平時不會刻意訂定讀書計畫，但心中總會給自己一定的目標，懂得隨時掌握自己的讀書進度；而這個進度，最起碼是要超前學校考試的。

她認為做任何事情，企圖心都很重要；她也經常告訴自己的家教學生，想要考上台大，一定要有企圖心不可。這個企圖心會轉化成念書的動力，幫助你應付自己不喜歡的科目，克服學習上的難題；就算是再不喜歡的科目，你也願意勇敢去挑戰。

讀書不熬夜

從高中到現在，琢懿從不熬夜念書。對她來說，熬夜導致隔天上課精神不濟、無法專心，反而得不償失；特別是考試的前一晚更應該提早睡，才能集中精神、全力作答。

琢懿很強調上課聽講的重要性；如果遇到困難或疑惑，也要勇敢地舉手發問。「就算是老師算錯或講錯了，也要很有禮貌地舉手提醒他。」

一本書主義

琢懿說，想要把書讀好，並不需要買很多參考書來讀；有時候資料太多，反而念起來過於雜亂、缺乏系統。「不要看太雜的東西；把一個東西好好理解、把不會的地方再三加強，而不是已經會的東西，一念再念，這樣會很沒效率。」

她念書的方法是盡可能地將所有的補充資料都整理在同

一本課本或講義上，複習時就以這本書為主。但是琢懿也說：「我的高中老師們都很用心，會自己編一套有系統的講義，對我們在複習時也十分有幫助。」她建議學校老師沒有提供自製講義的同學，也可以自己找一本適合的參考書來看。除了國文和英文可以多看文章培養語感之外，其他科目只要把一本書讀通就好。

利用零碎時間念書

利用零碎時間念書，也是琢懿念書的撇步之一。

不管是等公車、下課十分鐘，甚至中餐後午休前，這些零碎時間都可以拿來看書。她會在晚上睡覺前背單字，隔天早上起床時一邊刷牙再一邊複習，「早自修去考試剛剛好！」

英文單字最好採用有系統的背誦，像字根字首的記憶方式就效果不錯；像是和「酵素」有關的字尾多是 ase，而以 co 開頭的字則多有「共同、合作」的意思。

符合自己需求的筆記

「我會把老師提到的相關課程內容，整理在一起，這對於日後考試前複習時很有幫助。」

琢懿做筆記的原則是「物以類聚」，在整理過程中將所有相關的重點串連起來；以國文來說，例如「夫」這個字可能在很多古文當中都有，意思各不相同；整理在一起時，就能一目了然，考試時也能根據印象連結，迅速想到答案。

此外，她也會使用不同顏色的筆做筆記，將同一類型或者相關的內容用相同顏色的筆畫上重點。她說自己的筆記滿花的，像綠色是修辭、紫色是文義、藍色是解釋……打開後會發現五顏六色，但是自己看了心情就很好。

看課外讀物心得培養國文能力

琢懿表示，雖然自己就讀的是數理資優班，但班上許多同學都熱中於閱讀文學作品。尤其在高三大考前，老師還指導她們組成四人的作文小組，大家一起寫同一個題目，交換批改、分享心得，對國文閱讀和寫作都有幫助。

從英語雜誌中多方涉獵文法單字和句型

除了和班上一同訂閱課外英文雜誌以外，琢懿還有其他不一樣的學習英文方法。「那時班上同學去參加英文演講比賽，我們都會一起幫她出主意。」她說，這也幫助她從英文的角度去思考，如何架構一篇完整的英文演說，對於英文寫作很有幫助。

琢懿在英文寫作上很有自己的想法。她說若無法在用字遣詞上贏人家，就儘可能以獨特的方式展現文章內容，好抓住閱卷老師的眼光。如九十九年學測英文看圖寫作是常見的「拾金不昧」，她就發揮想像力和創意，提出這是一位想要捲款潛逃的大叔意外弄丟了贓款，當他回去找時，被撿到錢的麵店母子的精神感動，決定將不法得來的錢還給別人的故事。

英文閱讀測驗先看題目再看文章

有些同學在寫英文閱讀測驗題時，都習慣先將文章從頭到尾讀完一遍，再接著下去看題目問了什麼，最後再回到文章當中找答案；但琢懿認為這是件非常浪費時間的事情。

「英文閱讀測驗要先看題目問什麼。」她說，除非題目當中直接問文章大意，否則實在沒有必要把整篇文章讀完才作答。她建議同學們應該先看題目，在題目中圈出關鍵字後，再回頭去讀文章，找出對應關鍵字的句子，如此就會很快找到答案。

另外，在寫英文克漏字選擇題時，消去法是非常好用的方式；不但比較能猜對不確定答案的題目，就連會的題目，也可以加速答題速度。

社會科大量做考古題很重要

社會科目是一般二、三類組學生較少接觸的科目，不過學測還是要考歷史、地理和公民。為了把學測考好，琢懿幾乎整個高三的時間都在念社會科。

琢懿自認歷史沒有念得很好，但是對於地理科目則有一些心得；首先，就是要清楚課程架構。

「一年級地理學的是概論，二年級則是分區，而一年級的概論可以 cover 二年級的東西。」她舉例說明，念到某一區地理時，要先知道那個地區是在地球上的哪一個位置？它附近的地形是什麼？可能受到哪些因素影響？是靠海還是靠

近內陸？因此發展出什麼樣的氣候？是濕潤氣候還是乾燥氣候？這些結果都可以透過高一的地理概念慢慢推演出來。

「其他就靠大量地做考古題吧！」她笑說。

數學要多做題目

有些同學平常數學考試不差，但面臨大考時就感覺棘手；常常會腦筋一片空白，完全不知道該怎麼辦。琢懿說，考好數學的方法就是多練習、多算，遇到各種題型時才知道用什麼解法最好。

培養物理的題感

對於物理，琢懿說它和數學很像，都有一些公式要背；但即使公式背了、觀念懂了，考試卻不一定知道要用什麼公式去解。所以最重要的是要學會應用，這是可以靠平常多做題目，培養題感來練習的。

而更重要的是要知道公式怎麼用，練習找出一個解題的公式。

考試不只要訂正錯的部分，更要注意不確定的部分

琢懿認為，訂正考卷是件很重要的事情。她自己會將錯誤直接訂正在考卷上：「不但錯誤的要訂正，就連不確定答案的題目也要再看一次。」

她說，考試當中寫錯答案的題目會很有印象，但是不小心猜對的題目通常都不會有印象。多數學生沒有注意到這點，下一次同樣的題目再出現，可能就沒有上次那麼幸運了。她自己在寫考卷時如果遇到不確定答案的題目，就會先標記起來，等到訂正考卷時一併檢討，看看自己不清楚的內容是什麼。

高三生考前準備

穩定讀書心情

琢懿回憶起高三生活，幾乎都是在準備考試和數理競賽活動。「高三本來就是時間都不夠用的。」那時，她放學後會留下來參加晚自習，大約念到晚上九點多，回家後繼續念書到十一、二點。

過程雖然辛苦，但是完成自己的目標，一切的辛苦都是值得的。在那段時間，家人和好朋友就是她最大的精神支柱。「那時晚自習最快樂的，就是放學後和同學一起吃晚飯。」那段晚餐時間，她們不聊課業上的事，而是徹底地放鬆。

面對時間緊迫的大考壓力，琢懿認為若是無法放鬆心情讀書，念書效果也是會大打折扣。她覺得念書也不是一直勉強自己坐在書桌前，就可以把書念好；如果真的無法專心念書時，也要找到調劑身心的方法。

「要知道自己需要多少時間放鬆，才能繼續念書。」

平常會藉由運動、和家人一起吃大餐來紓解考試壓力，當念書遇到低潮期，因為考試而備感挫折時，也會向同學傾吐自己的心事。

此外，她通常會將自己較不擅長的社會科安排在晚自習時念，而把比較擅長的數理科目留到回家之後複習，那是因為在家裡念書干擾比較多，如果念的還是自己不感興趣的科目，就更容易分心了。

甄試小提醒

備審資料要展現成績所無法呈現的自己

　　琢懿認為學測七十五級分就是通過一個成績門檻了，因此備審資料應該是要向教授們展現「成績上看不到的個人特質」，像是社團、班級幹部、活動領導者的經驗，就能夠突顯她在人際溝通上的優勢。

面試不要太緊張、從容應答

　　琢懿自認是一個很擅長面試的人，但申請台大醫學系的面試表現卻不如預期，因而擔心名落孫山，面試完後她隨即投入指考的準備行列。

　　事後她檢討自己面試不順利，太緊張是一大因素。尤其一上場，同時面對七位教授，很容易就令人卻步；如果面試過程中教授還表現出對回答的質疑，那真的是膽戰心驚！

　　現在回頭去看面試，她覺得「禮貌」很重要。再來就是「不要慌」，如果教授要的是單一、封閉性的答案，不會就要坦白地承認，請教授指教；如果教授的提問是開放性的，那麼就要放膽嘗試說明，不要過於緊張。

根據校系特色，設想教授可能會問的內容

　　琢懿記得在參加台大醫學系面試時，教授提出了一個問題：「原住民平均壽命較短的原因是什麼？」當時她回答了幾個答案都沒能讓教授們滿意，而後來她才知道，教授要的答案其實是「山區醫療資源缺乏」。

　　她建議大家，在面試之前要對於所申請的校系多所了解，

可以上該校系網站瀏覽課程宗旨、學系介紹。如果有心申請台大醫學系的同學，最好能了解一下大一大二課程內容，對於醫學人文的部分要有概念，而諸如健保體系、偏遠地區醫療等和醫療相關的議題，都是社會關注焦點，平常可以多看一些時事，做好面試前的準備。

保送台大醫科的奧林匹亞金牌得主
陳子揚

🎓

台大醫學系
建國中學數理資優班
國際生物奧林匹亞競賽金牌得主保送

就讀台大醫學系二年級的陳子揚，高中就讀建國中學數理資優班。高三那一年，當同學們都忙著為學測、指考做準備時，他選擇了另一條不一樣的路，準備國際生物奧林匹亞競賽。

台灣每年約有六千六百位高中生參加國際生物奧林匹亞競賽國手選拔，但最後只有四位能成為國手，競爭相當激烈。在經過一連串考驗之後，子揚成為國際生物奧林匹亞的台灣代表，在國際賽中以優異的成績獲得金牌，保送台大醫學系。

一路領先，超前學習

子揚就讀秀朗國小智優資源班的時候，曾經有跳級的機會，擔任國中輔導特教老師的媽媽，在與子揚做簡單的分析和討論之後，當時讓他自己作決定。而他選擇了和同學繼續共度小學的六年時光。

「現在回想起來，我很慶幸自己那時候作的決定。算一

算，小學六年，國中三年，高中三年，大學四年，當學生的日子也沒幾年，但以後工作的時間可能長達三、四十年，為什麼要這麼急著脫離學生身分呢？而且學校的生活，除了念書，還有很多事可以學，可以玩。我不想錯過！」

從小，子揚就是一個愛問問題的孩子，他喜歡提出問題，然後一步步地設法去解決它，這段過程當中的挑戰性和成就感，令他感到十分滿足。

小學時，學校有一個自主性的自修學習計畫，參與計畫的同學可以自己提早學習下一個學年的課程，而學校每個月會發一張自修進度表，讓學生學習規畫時間與實踐。當時子揚參加了這個自修計畫。當他看到同學在學他已經自學過的東西時，「有一種走在前面的成就感，讓我想要繼續維持超前學習。」這種有能力比別人先學，甚至可以不用靠老師教而自己念的學習模式，影響了子揚日後的學習方式。

子揚說自己剛進建中的時候會在乎成績，但後來就不怎麼管這件事了。同學們並不會因為某個人成績不好就排擠他，大家都有各自努力追求的東西，也很崇拜那些真的很專精、很厲害的人。「比方說同樣在解物理題目，標準解答可能要用到五個式子，但有人卻是可以只用兩個式子就解完，而且是以很簡單的概念來解釋原本很複雜的公式或定理，我覺得這種人才叫做高手！」

他說在建中，同學們彼此之間良性競爭，在各個方面互相較勁，「我們很清楚知道，要衡量一個人強不強，不只是看他考試考幾分，而是看他散發出的那股特質和自信，真正的強者彷彿腦袋後面會發出光芒一樣，很有魅力。」

建中的學風相當自由，老師很鼓勵高一、高二的學生多方面嘗試，例如去做一些專題研究，或是超前學習。「老師鼓勵我們發光發熱，去好好發揮自己的能力，做自己有興趣也想做的事情。我甚至有種使命感，覺得自己應該要把握青春，好好去完成一些可以發揮自己潛力的事。」

一開始，子揚並沒有設定自己要走「競賽」這條路。

在高中入學的新生訓練時，他很巧合地遇到與自己同名不同姓的學長，這位建中生研社行政副社長帶領他進入了生研社。

在建中生研社的日子，他放學後到社辦聆聽學長們講授的社課、和社辦飼養的蜥蜴蛙蛇互動、週末假日一群人上山外採、念書準備社展要呈現並講解的主題，和北一女生研共同籌劃生研寒暑訓，在這群熱愛生物的人的圈子裡，子揚過得很快樂，而對於生物這個他過去沒有什麼接觸和投入的領域，越來越感到興趣。他自己也找了一些生物的書籍來念。

子揚在高一下學期就讀完了高中三年的生物課本，寫了歷屆指考生物試題，大概都在九十分左右，讓他充滿了超前學習的喜悅與對知識的強烈渴望，升高二的暑假，他開始自修大學的普通生物學。

原本想朝物理領域發展的子揚，在念了很多生物學之後，放棄了原先的計畫，著手準備建中生物科校隊的選拔，踏上了他的「競賽之路」。

遇到挫折，更確定夢想所在

　　一路從秀朗國小智優資源班、永和國中數理資優班、建中數理資優班，到保送台大醫學系，子揚無疑是頂著優秀光環的學生，但他不是一直都這麼順遂，投注很多心力在生物奧林匹亞競賽上的他，也曾經慘遭滑鐵盧。

　　他在高二參加生奧國手選拔營的考試時失常，雖進入前十名，但最後仍和國手資格失之交臂。以往建中每年都有二到四位同學錄取，而在校內國手選拔營模擬考保持第一名的他原本也是信心滿滿，結果他失敗了，而那年建中也沒有生奧國手。

　　一向很有使命感、也很想要為校爭光的子揚，為此難過、失意了六個多月。這次失敗的經驗促使他更積極地思考，參加競賽的意義是什麼？已經高三了，是不是應該要回到體制內準備學測和指考？是不是應該放下這準備一年多的生奧競賽？

　　經過長時間的思考與沉澱，子揚最後作了一個很大的決定，就是他要回去參加競賽，因為這才是他的夢想所在。他還想要繼續追求、體驗這段獨特的過程。

　　他心裡很清楚，如果想要進入台大醫學系，透過學測或指考是比競賽更安全的途徑，畢竟競賽過程當中有相當大的運氣成分，不確定性很高，只有最後選出的四名國手能夠代表台灣出國比賽，即使從五十幾國、兩百多名各國選手中脫穎而出，獲得金牌後，還需通過台大醫學系生物及化學術科測驗和面試考驗，才能獲得保送台大的機會。

可是，子揚當時是這麼想的：「如果我不回去面對競賽的失敗的話，它就會是一個沒有被解決的回憶，它會一直存在我的心中。如果再次努力之後還是失敗，我至少知道自己盡力了。如果為了要升學，因而放棄自己的夢想，放棄了再去嘗試一次的機會，我覺得我會不甘心。」

子揚從自己挫敗的心情調適了過來，並以更加沉穩的心態面對競賽。他告訴自己，往後的每一個關卡都要很小心、很謹慎，「因為我知道我以後沒有機會了，這是最後一次投入生物奧林匹亞，要很沉著、要很冷靜，帶著平常心，穩穩地去迎接每一個階段的挑戰。」這一次，他的努力沒有白費，如願成為生奧國手，在國際賽中得到金牌的肯定，並且通過後續的考試與審核，保送台大醫學系。

資源要靠自己去尋找

建中數理資優班要求在入學後，每個新生都要交五千字以上的自傳，內容除了要詳述自己的過往、說明自身人格特質之外，最重要的就是寫出自己的三個目標，第一、你期望在建中三年裡學到什麼？第二、你覺得你二十五歲的時候在做什麼？第三、三十五歲的時候，你又在做什麼？

子揚覺得很多東西在還沒有實際去接觸之前，其實不知道自己喜不喜歡，所以應該要多給自己嘗試的機會。他回想高一入學前的那個暑假，參加建中舉辦的資優班說明會，那時聽老師轉述不少學長們的心路歷程，他發現這些得過奧林匹亞金牌、在國際科展得獎或是留美的學長們，當年考進建

中時也曾懵懂無知，但後來他們都努力去探索目標，追求自己的夢想。

從學長身上，他得到很多資源與幫助。可是這是需要努力去尋求的。

在學校時，他花了很多時間在經營和學長們之間的關係，他會主動找學長們聊天、請教問題，甚至努力去「裝熟」。從學長們過去的經驗當中，他得到不少啟發，幫助他找到許多問題的答案。

「畢業之後我曾被老師找回建中，跟學弟們作經驗分享。也是會有一些學弟主動來私底下與我討論，就像我當年一樣，但即使最主動的學弟，我覺得還是不夠積極主動，跟我當年的行動力相比，還是差了一些。」

子揚覺得大部分學生都不太願意主動跨出第一步。國內長久以來的教育，並不鼓勵大家在團體中表現太突出。多數人還是喜歡躲在人群之中，不想要被注意。

「很可惜！」子揚說：「機會你要主動出發去找，因為機會並不會平空從天上掉下來到你面前。」

善用這些學習資源，對於自己絕對是有幫助的。

培養強大的實力，以及考上的信念

從小到大，每個人都經歷大大小小不同的考試，要怎麼做計畫？從多久以前做計畫？其實是視個人的情況而定。子揚認為念書規畫要能達到「不會急迫」、「不會哪一天超級累」或是「不會哪一天非念完不可」。「所以，在準備考試時，

我的情緒是平穩的，不會到考前壓力超大，然後極度感到焦慮和不安。」子揚說。

對於即將要參加大考的同學，他則建議：「一定要培養對自己的信念，要相信自己做得到！如果連自己都覺得做不到，還會有動力去拚嗎？」不要給自己設限，要把考出好成績當作一個可以達成的目標。

實踐力強的他會把讀書計畫的進度大致 list 出來，這個月內要念什麼？這個禮拜要念哪一章？此外，他還會在計畫表上留一行「實際達成度」。「通常我的計畫都寫得比較寬鬆，所以常常實際進度都會超前。看著自己的進度達成而且都超前，我就會覺得很開心。」

高效率讀書法

課堂上懂了，就等於念了好幾遍

談到念書的方法，子揚說：「上課要非常專心！」通常他在上課時不睡覺也不做其他的事情，全神貫注聽老師講課，如果下課之前沒有完全弄懂，就「那就別讓老師離開教室囉！」子揚笑著說。

子揚說：「如果某個章節完全自己念的話，可能得花三個小時才能弄懂，但老師上課會把重點大綱條列出來，可能半個小時就講解、引導完畢。專心聽完老師上課，這時候自己再念個半小時就差不多弄懂了。我覺得這是用最少的時間，達到最快讀書效率的方式。」

「所以我上完課都覺得很累，很容易肚子餓。」他笑說。

自學時最難理解的就是那些零碎的字句，老師會用一些譬喻圖像讓同學了解，即使上課還是搞不懂的話，可以當場舉手發問，請老師解答。「理科的東西比較像是階梯式的學習，下面階梯穩固了才有可能往上爬。所以，如果上課開始十分鐘的內容你聽不懂，可能接下來的四十分鐘都會狀況外。同樣地，如果上課沒專心聽講，想說應該可以回家自己念，結果可能只因為前半段沒弄懂，後半段也就無法繼續念下去，如此一來，讀書進度會變慢，不斷感到挫折，最後就對這一科完全失去興趣了。」

　　他的另一個念書方法就是「不熬夜」。子揚說他的睡眠時間比別人多很多，平常一定要睡八小時，真正睡飽大概要十小時，每天晚上他通常十一點就上床睡覺，念書也是念到晚上十點左右就不念了。

　　想睡覺的時候，理解力、記憶力會下降很多，而且熬夜念書隔天起來會想睡覺，使得上課無法認真聽講。所以，即使明天要考試，子揚也堅守不熬夜的原則，因為如果事前做好讀書規畫，自然書就不會念不完，當然也就不需要熬夜了。

　　「讀書的關鍵在效率，不在於念了幾個小時。」子揚常在圖書館看到一些學生，可能只是為了跟父母交差而來圖書館，然後一邊聽音樂一邊玩手機，時間就這樣過去了，以為自己有念到書，其實沒什麼效果。

不要浪費時間在好像念過又記不住的地方

　　「有時我念了半小時就心浮氣躁，這時就會改換另一個

科目來念。」

　　子揚念書時不堅持一定要把書看完，有時念同類型的科目會煩，這時應該要文科理科、或者記憶和理解的科目交錯著念。他覺得勉強自己心浮氣躁地往下念，心裡會產生抗拒的反感，反而降低讀書的效率。

　　「我通常念書不看第二遍。」子揚說，他通常之前的內容都理解了，才開始念一個新的章節。「很多時候，麻煩的地方在於，你以為自己都念過了，可是實際的狀況是，你其實沒有真的念進去。」

　　也就是說，假如你第一次沒有認真好好念，只吸收了百分之七十的內容，等到考試考出來時才發現自己還有百分之三十不懂，「但你又不願意重新再念一遍，因為大部分的內容，你都已經會了。」

　　如果最後真的不得不再看一遍，又會覺得煩，因為大部分重看的時間，都在讀早已經會的東西。他認為花很多時間在念那些自己原本已經會的東西，是很沒效率的念書方式。

　　此外，他會在早上頭腦清楚的時候念背的科目，覺得累的時候再念理解型的科目。長時間看同樣類型的東西，記憶力會下降，因此最好不同類型的科目穿插念，差異越大越好。

不是花了比別人多的時間念書才叫念書

　　「很多人有個迷思，以為只要拉長念書時間，就會有好成績。如果念了很久還是不會，常常就自己幫自己找台階下，覺得這沒辦法，一定是天資問題，於是合理化自己低於預期

目標的表現。」

　　子揚覺得有很多看似不會念書的人，他們很用功，也投入很多時間，可是其實他們只是沒找到適合自己的好方法。

　　「我現在有幫一位北一女高三學生家教化學，一年前她的化學成績不太行，我帶了她一年，這次段考她是全班唯一的滿分。」子揚說，他不只教學生如何考化學，同時還分享讀書的方法，在子揚的引導之下，她找到了適合自己的學習方法。

念書的動力來自自己

　　小學就念資優班的子揚，從小就知道自己在某些方面的資質比一般人好一些，但他說：「我會在學習上比別人領先的原因，只有少部分是因為我的天資，其他是方法和態度的問題，這是屬於後天的部分。」

　　「我念書的動力絕大部分來自我自己，是我內心真的想要做才這樣做。」

　　子揚並不是只在乎考試成績的學生，他在意的是有沒有把該學的東西學完，所以當老師因為考試不考某章節而跳過不教時，他還是會自己花時間把那個章節給念完，「如果現在跳過，以後就不會再來念了！」他說。

如果已經理解了，就不需要寫筆記

　　重視理解的子揚，平常不太記筆記，他說：「因為做筆記很花時間，搞懂比較重要！」有些人的筆記像一本參考書，寫得密密麻麻的，其實上面大部分可是自己已經懂的東西，

他們把筆記做得美美的，只是為了求一個心安而已。

　　「筆記的重點應該是把不會的東西記下來。」他說。「如果單純是記憶的東西，可能過一段時間會忘記，我就會做筆記或註記，而且只記我不會的。」

　　念書不看第二遍的他也會一邊看書一邊畫重點，原因是為了加強記憶，在畫重點時，速度會慢下來，眼睛會盯著 key word，而且他通常都是那一整章看完之後，心裡有個架構，才回來畫重點。

　　子揚有寫筆記的習慣，到現在仍然對於他的念書方式有很大的影響。

　　高中時他開始寫自己的生物筆記，他把高中三年的課本內容寫成一本生物筆記，一共做了五十幾頁，每頁都要寫上三、四個小時，他利用課餘時間花了好幾個月才完成，有時在圖書館待了一整天才寫兩頁。

　　這種寫法就好像在寫參考書，他的筆記不是寫不足的部分，而是在看完之後，把書本蓋上，然後將剛剛看到的重點統統寫下來，寫完之後翻開書，再對照一次，看看哪些重點有寫出來，那些沒有寫，然後把缺少的部分補上，算是一種地毯式的學習方式。

　　「寫這本筆記，起初是整理我原本認為很片段的知識。但在整理的過程中我發現，這些片段的知識原來是有脈絡可循的，我學習到如何統整這些概念。」這本看似與參考書沒什麼差別的筆記本，它的價值不在裡面有多少重點，而是在寫筆記的當下，子揚同時訓練了自己整合重點的能力。

「當我有能力把瑣碎片段的事串成一個故事，我發現就可以記得很久，一直到現在大學的課程，我可以在不同章節之間作一種溝通互動，並且將這個章節的某些概念，應用在另外其他章節上。」

找到自己的讀書方法，不一定需要補習

為了超前學習，子揚曾經在高一時補習過數學，但補的是高二的數學。

子揚覺得補習班並不適合自己，原因是他覺得補習班的進度教得太慢了。

「當然，補習班的講義也有好處，有一些口訣可以幫助同學統整一些難以消化的內容。另一個好處是有些東西你看了半天還是理解不來，補習班會教你一套直接背下來的方法。」

他說，補習班因為強調速成，所以獲得了考試的能力，但也放棄了一些學習過程中應該要獲得的能力，像是如何自己念書的能力，和如何找重點的能力。

比別人幸運的是，子揚比較早找到一套自己的讀書方法，在超前學習的路上一路領先，事實上，他也付出比別人更多的努力。他鼓勵大家，絕對不要懼怕別人比你強，他們只是比你早學到，只要努力，總有一天你也可以學會。

朝著夢想前進的台大物理系榜首

林格至

台大物理系甄試榜首
學測滿級分
台中一中數理資優班

目前就讀台大物理系的林格至，以學測滿級分和術科最高分，成為台大物理系榜首，實力不容小覷。但是，這項殊榮對他來說最大的意義，就是能夠進入台大的學術殿堂，研究他最喜愛的物理。

提起物理，格至的眼睛就發亮，他說自己從國中開始就在心裡勾勒未來的夢想圖，夢想當一個科學家，「我覺得當一個科技人的感覺好像很厲害，有許多生活知能的感覺。」高中時他曾專程北上聆聽台大物理系教授高涌泉的演講，也經常翻閱他的著作，即使當時對於物理知識似懂非懂，但內心的那股想更靠近、更了解一點物理的熱情，已經點燃。

另外兩位對他影響十分深遠的老師，一位是高中時專題課程的指導老師孫維新教授，一位是因為參加亞洲科學營、奧林匹亞選訓營活動常常有機會碰面的吳俊輝教授，他是美國天文物理學家霍金（Stephen William Hawking）的學生；這幾位對物理非常有熱忱的老師，讓格至對於浩瀚無邊的物理世界，更加著迷。

格至就讀的台中一中數理資優班有個傳統，就是高一學

生可以自由選擇加入像是物理、化學、生物……的讀書會，他參加的是物理讀書會，在讀書會當中，大家還會研讀大學的物理課本。「我覺得直接接觸大學物理是一個很大的挑戰，雖然一開始也看不太懂，但大家會聚在一起討論。」在討論的過程中，以及受到一些學長影響，格至更清楚自己將來想走物理研究之路，台大物理系也成為了他的第一志願。

自主學習

格至在小學三年級時被檢驗出患有第一類型糖尿病，需要長期施打胰島素，因此在學業上，他承受了比其他同學更大的挑戰和壓力，但是他並沒有因此灰心喪志，努力突破各種學習障礙，而家人無條件的支持，也成為他一路朝著夢想前進的力量。

從小，格至的父母親就經常陪伴他讀書，但是到了國小三年級，有一天他和父母親為了課業的事情起了一點小衝突，當時爸媽對他說：「從今以後你就自己負起念書的責任吧。」

為了證明自己的能力，他開始以自己的方式念書。像是數學老師在台上振筆疾書，他就在台下寫出和老師截然不同的解題方式，「我一直想辦法要用和老師不一樣的方法，把答案解出來給老師看。」

格至認為，在知識的殿堂上沒有所謂的「權威」，必須不斷地訓練自己獨立思考的能力，才能夠確定哪些知識是正確的，而不致掉進陷阱裡。

找到學習的動力和方法

格至國中基測考了兩百九十二分，成績相當不錯，但他說自己不喜歡花時間重複一些機械式的計算、記憶，只是為了多拿一些沒有太大意義的分數，因此高中三年的成績僅維持在全班前十名左右。

上了台大物理系之後，他也利用課餘時間從事家教，有些來自於私校、成績中等的家教學生，後來都順利考進了理想的大學。他謙稱這些學生本身都很努力，他只是分享自己的讀書觀念和方法，幫助他們在考場上有更好的成績而已。

他發現，現在的學生在學習資源上並不缺乏，要考出好成績並不難，困難的是找到「念書的動力」。許多高中生都是為了怕成績不好，或是因為想要達到父母的期望而念書，在選擇大學就讀科系所時，多半以電機、醫科、法律等熱門科系為首選，卻不知道自己真正想要念的東西是什麼，這點十分可惜；倘若一個人沒有找到真正的學習興趣和動力，很容易在中途遇到挫折時就放棄。

有系統的讀書法

格至高三時忙於奧林匹亞物理競賽，真正念書的時間並不多，他能以高分考取台大，最主要的原因是擁有一套有系統的讀書方法。

他說，當他坐下來念書的那一刻，就是一段思考、理解、

處理問題的歷程。

他以簡單的比喻來說明:「如果你現在從一個地方出發,一定要先知道目的地,規畫好路程,並且在路程當中隨時檢視方向是否正確,讀書也是如此。」

「最差的讀書方式,就是一本書拿起來從第一頁開始讀。」他說,每個課程的設計一定有它的系統存在,舉物理學的例子來說,運動學和物體位移以及速度有關,現在學運動學,就是要描述一個物體運動的方式,而運動方式會改變是因為受力,所以接下來要學習力學,這就是一個課程的系統。

在念書時,他常常會問自己一些問題:「為什麼我現在會在這個地方?為什麼我要學這個東西?」在打開書本之前,他會先將這個學科的系統大綱在腦海裡面思考一遍,確認自己現在要讀的東西是什麼,在哪個章節裡面?該用什麼樣的方法去解決?

他說,念書時要先從看目錄開始,徹底了解這本書所要表達的知識,以及涵蓋的範圍。接著,拿起鉛筆畫出一層一層好像樹枝狀的結構圖,第一層是每個章節的主題,第二層是每個章節的小標,第三層是每個章節的小標重點。

他拿出了一張不到 A4 大小的紙說明,在這張不到三百字描述的結構圖當中,包括了所有高一和高二的物理課程。下次再複習物理時,他只要把這張結構圖拿出來讀一遍,很快進入這個學科的系統當中,對於前後課程內容的連貫,也會在心裡有個概念。

不只是數理科目,事實上,一些看起來內容破碎需要記

憶的科目，也有它的系統存在。

　　對於背誦的科目，格至認為不要打開課本就從第一頁開始背，這樣做只是堆積一些雜亂無章的文字在腦子裡，卻沒有實際效用，就算一時之間可以把課本內容背起來，也很容易就忘記。

　　他建議同學們，在研讀任何學科的時候，都能做一張清楚標示內容架構的樹狀圖，每一次複習時拿出來看，在學習上會更有效率。

擬定適合自己的讀書計畫表

　　在準備考試過程中，相信很多學生都有深感時間不夠用、書都念不完的時候，因此許多人會擬定讀書進度表，來督促自己更有效率地念書。至於該如何做好讀書計畫呢？格至認為應該要先從了解自己做起，依照自己的讀書習慣和效率來安排念書時間。一開始可以一週為觀察期，看看執行的效果如何，並且視情況不斷做調整。

　　以他自己為例，他的讀書計畫是以週為單位，一週之內又分成幾個工作時，一個工作時是兩個小時，在這兩個小時當中他會念同一個科目，好讓自己慢慢進入那個科目的學習狀態，這和引擎需要熱機才能啟動的道理一樣的，例如在念歷史時，越讀就會越有「歷史感」。

　　他強調，在念書的時候，不只是要花時間念書，而且要讓這段念書時間是有意義有效率的才行。如果你是一坐下來背單字就會睡著的人，就不必勉強自己一定要坐在書桌前背

單字；或是參考書看不懂，還要硬撐著讀下去，這麼做對念書一點幫助也沒有。

面對學測，格至認為每一個科目都很重要，即使是不喜歡的科目，也不能放棄。他說，大多數高中生對於學科的樂趣常常是建立在成就感上，而不是真心喜歡某個科目，他們不喜歡的科目其實往往也不是不喜歡，只是不擅長、沒有從中得到成就感而已，久而久之，就形成了容易放棄的惡性循環。

因此，要想辦法克服這層心理障礙，提升念書的自信心。

補習或不補習都可以把書讀好

許多高中生在準備學測時，面臨了補習和不補習的兩難抉擇。格至認為補習或不補習，都可以把書讀好。不補習的同學比有補習的同學，多出了一些自習的時間，可以利用這段時間好好讀書。

有些同學一方面要複習補習班的內容，一方面又要跟隨學校的課程進度，成績反而表現得不如沒有補習的學生，就是沒有善用補習班這個工具的結果。

格至在高三時也有補數學和英文課，他說藉由補習班老師三個小時的授課整理，可以節省一些自己額外整理的時間，他也會盡量在補習時間當中，將老師所講的內容充分吸收。

在一週當中，他有一個晚上必須花在補習數學，因此，

他也會盡量在其他時間補回那天的複習進度。

　　而在他的讀書計畫中，補習時間就是讀書時間，回家之後他就不會繼續念書。畢竟補習回到家之後精神已經非常疲累，如果再念書效果也不會太好，甚至還可能影響隔天上課的學習狀況。

如何提升英文實力

正確地背單字

　　英文是格至的強項科目之一，他認為單字不用死背，「因為只要考試當下一緊張，情緒沒有處於最好的狀態，就全都忘記了。」相反的，經常重複、反覆地看那些英文單字，看久了，自然而然也就記起來了。

　　許多人在英文學習上遇到障礙，是因為習慣「中文式英文思考」，因此，寫出來的英文作文、句子，都是中文式的英文。

　　「中文和英文之間，並不是完全相同的對照，某個英文字可能只能解釋到某些中文意思而已。」他說，當我們翻開英文字典時，會發現一個英文單字往往需要好幾個中文單字才能完整詮釋它的意義，所以中文和英文並不存在一對一的對應關係。

　　格至建議同學們在寫單字卡的時候，應該一改只寫英文和中文意思的書寫方式，要同時寫出和英文單字相關的各種用法例句。例如「refuse」，不要寫中文意思「拒絕」，而是寫上「He refused my offer of help.」、「Jack refused to discuss the matter.」，盡量將這個單字的用法都寫出來，而且這些句子難度越高越好。他開玩笑說，如果單字是「book」，結果例句是「This is a book.」，就是一種垃圾例句。

「在背單字的時候看這些例句，就會熟悉它使用的場合，同時刺激自己用英文去思考，這才是重點。」他說：「這個單字常跟在後面的介系詞，還有這個例句也會在你的腦海裡面，在寫英文作文或英文翻譯的時候，有很大的幫助。」

這麼做能確實將自己所背的單字，在閱讀測驗和英文寫作當中運用出來。

利用零碎時間背單字更有效率

在學習英文時，格至最不推薦的學習方法就是「坐下來背」，因為在書桌前有更多適合做的事，拿來背單字不僅浪費原本可以用來算數學、物理的時間，在書桌前的記憶效果，往往也比不上下課的十分鐘。他說透過當下環境的連結，也有輔助記憶的效果：舉例來說，當你正坐在公車上背「project」這個單字，以及它的例句「The government projected a tax decrease.」時，如果看見車窗外一個商店招牌，或者是 iPod 裡正播放一段音樂，更容易將這個單字記在潛意識當中。

透過英語電影加強聽力

對於台灣學生最感到吃力的英文聽力，他認為並不需要給自己太大的學習壓力，像是看國外影集、聽西洋歌曲、聽

英文廣播都是很好的方式，他建議大家看國外影集時把字幕拿掉，如果不能適應，最好也只放英文字幕，「但要逐漸把視線從英文字幕上移開，讓自己不再那麼依賴它。」

請不同老師批改英文作文

多數人都感覺棘手的英文作文，格至也曾經下過一番功夫。為了鍛鍊自己的英文寫作能力，高三時他每週都會寫一篇英文作文，然後影印成三份，請三位不同的英文老師幫忙批改。

每位老師批改英文作文的習慣不同，有些英文老師只會修改錯字，而有些英文老師會建議使用更好的句子來表達，可以採納不同意見做修正。老師批改回來之後，他也會將這些作文訂在一起，將老師的意見融會貫通後重寫一份，成為他的英文總複習寶典。

在英文作文方面，他認為最基本的是單字和文法不要用錯，否則會被扣不少分數，除此之外，也要注意文句用法是否合乎英文邏輯。

高三生考前準備

絕對不要熬夜

「睡眠對學習的幫助非常大，睡得越多讀得越開心。」格至說，熬夜是他最不推薦高三生做的事情。

高三上學期時，他參加了物理競賽，又要應付學校課業和學測，很擔心自己的書會讀不完，因此捨不得「浪費」一點時間，想要多讀一點書。不知不覺中，他將原本高中時晚上十一點就寢的時間不斷往後延，有時凌晨一、兩點才上床睡覺。

結果，第二天早上七點半到學校，從早自習到第一、第二節課，他經常都是處在昏昏沉沉的狀態，也無法充分吸收老師的上課內容。

後來他仔細想想，為了晚上多讀兩個小時，而犧牲了隔天上課三到四個小時的學習黃金時間，實在是得不償失，於是他又恢復下課後回到家裡念書到十一點鐘的習慣，他說睡飽了不但精神好，讀書心情也會變好。

搶救社會科大作戰

在準備學測時，格至給自己的目標是：社會科成績至少要拿到十五級分。但是，他在數理資優班時接觸到社會科的課程不多，對於這個較為不熟悉的科目，要如何在最短的時間之內做好準備，達到十五級分呢？

他採取了一個極端的做法，就是高三時將四分之三的讀書時間都拿來準備社會科考試。至於數理科，只用最少時間維持成績。

那時，距離學測只剩半年時間，要從高一課本開始念也已經來不及，於是，他買了社會科複習講義來念，每科都買了四～五本。

　　「買好幾套書的原因，是怕其中有一套書是錯的，如果只看同一套，就會把錯誤的東西記起來，結果就會比沒讀書還要糟。」除此之外，不同參考書也能互相補強不足的內容。

　　通常他會從這些參考書中選一本寫得最好的開始念，而將他覺得寫得最差的留到最後念，那麼當他念到最後一本時，就可以一邊念，一邊幫這本參考書訂正，「我會去想它哪個地方沒有寫到，就把它寫上去；哪邊有寫錯，就把它改掉。」

　　他也承認這是很花時間的做法，然而對於社會科基礎不好的他來說，卻是準備學測十分有用的方法。

甄試小提醒

甄試的備審資料，重點在於熱情的呈現

　　台大物理系甄選過程中並沒有面試，因此備審資料是錄取與否的關鍵因素之一。

　　在準備備審資料方面，格至提醒學弟妹們，展現自己對於申請系所的熱情是非常重要的。

　　「在自傳和其他資料當中，要盡量展現你的特質，讓教授知道你為什麼適合念這個科系？你對於這個科系的了解與熱情何在？」

　　他說，要讓長年浸淫在這個專業領域中的教授覺得如果不錄取你，就是讓這個領域少了一個優秀的人才，如此一來，成功的機率自然而然就提高了。

從學測失敗中站起來的指考榜首
蕭博文

台大電機系
台中一中指考榜首

　　說起話來慢條斯理的蕭博文，臉上總是帶著淺淺的笑容，他在高中時就讀台中一中數理資優班，一心想進入台大電機系就讀，但是在學測中卻沒有考出理想的分數；原本以為除了社會科之外，其他科目的成績應該沒問題，卻因為社會科表現較弱掉了兩級分，英文科寫考卷時太過緊張少了一級分而落榜，這個結果令他感到意外又失落，之後，他花了兩個星期的時間才從沮喪的情緒中走出來，重拾讀書心情，全力衝刺指考。

　　三個月之後，他以台中一中指考榜首的優異成績，考上台大電機系。

　　考完指考之後，他心裡很清楚自己上台大電機系絕對沒有問題，但是沒想到竟然考出了榜首這樣的好成績。

　　博文認為在準備指考的過程中，那種「我一定要考上」的企圖心很重要，它會激勵自己的潛力，努力達成目標。

高中一頭鑽進物理的世界

高中時期，博文在班上的成績並不突出，名次都在中間左右。他在高一高二的時間也大多花在奧林匹亞競賽和撞球社團裡，到了高二升高三暑假，才開始為了準備學測而拚命念書。

博文高一時參加了同學們自組的物理讀書會，開始對物理產生興趣，高二時他也參加了奧林匹亞物理競賽，只差一點就被選為國手。從物理讀書會當中，他享受到「超前學習」的樂趣，在高二時就已經讀完大學一年級的物理課程；由於物理常需要使用到數學算式，高二時他也開始念大學的微積分。

喜愛物理的他曾經一度想要投考物理系，但是經過謹慎思考，加上家人認為念電機系未來的出路比較寬廣，最終他還是選擇了以電機系為升學目標。

不過，博文在高一和高二努力鑽研物理的心血也沒有白費，這使得他在準備學測和指考時，幾乎不需要再花額外時間念物理，而將心力放在準備國文、英文和社會科上。

爭取讀書時間不補習

由於家裡距離學校來回需要約一個小時車程，因此博文只有補過英文，盡量把時間拿來自己讀書。有些同學覺得不補習就沒有安全感，擔心自己念會念不好，但是他認為不管補習班再會教，蒐集的資料再完整，如果沒有靠自己花時間

去念，那麼最後還是學不會。他建議有去補習的同學，應該要充分利用補習班的資源，同時別忽略了自己也得下功夫去念才會有效果。

國文——廣泛閱讀、蒐集作文佳句

高一時，博文對於國文作文感到相當頭痛，主要原因是他對於中文辭彙認識得不多，因此，他決心努力提升自己的作文能力。

首先，他開始大量閱讀課外讀物，像是文學大師余秋雨的作品中就有許多優美的辭藻，對於學習寫作很有幫助。除此之外，他也看了不少作文範本，每當讀到一些名言佳句時就把它們抄寫下來，集結成一本「佳句筆記」，到了考試前再拿出來溫習。

博文說，基本上國文作文可以分成四段，大約寫六百個字就已足夠，而除非真的很有把握，否則盡量不要寫出太深奧難懂的見解，以免弄巧成拙。

他在高三時，每週都會寫一篇國文作文給老師看，不斷檢討自己錯誤和不足的地方，這項努力也使得他國文作文在指考中得到三十七分。

此外，他也會反覆閱讀教育部規定的四十篇古文，他說指考國文其實不會考死背的東西，只要看過課本和參考書有印象就可以了。

英文──以補習班的補充講義和英語雜誌充實英文實力

博文認為，英文不是一天兩天就可以讀好的科目，面對學測和指考，光是讀英文課本是不夠的，一定要從補習班講義或是英文雜誌中擴充更多的文法、句型和單字量，藉由大量閱讀一些像是《常春藤美語》、《空中英語教室》雜誌，也能熟悉外國人寫英文句子的邏輯。

博文記單字的方法，是在很短時間之內重新再看一遍，以加深印象。他舉例說，如果前一天晚上背了十個單字，那麼隔天早上就會再把這些單字拿出來，蓋住中文解釋的部分，看看自己記住了多少？沒有記住的單字就再記一遍，他認為這樣背單字很有效果。

至於英文作文最快速有效的入門方式，就是背作文範本。他的方法是先看整篇文章的架構，知道裡面提到了哪些重點，有了基本印象之後，要背起來就很容易。和國文一樣，他平時閱讀英文文章時，也會將其中的佳句寫下來，記在筆記本裡，反覆閱讀。

英文寫作要緊扣主題不出錯

博文特別提醒同學，寫英文作文時除了文法不能錯之外，還要注意架構，每一段內容都要緊緊扣住主題，不要突然寫出一句和主題毫無關係的句子，很容易被扣分。

博文記得高三時補習班有個訓練英文作文的方法很不

錯，他們會給學生一個題目當作練習，下次上課時再提供一個範本，讓同學們比較看看範本寫的和自己寫的，有什麼不一樣？藉由學習別人的優點，來改進自己的缺點，如此一來，英文寫作能力就會進步得很快。

社會科──多念複習講義

博文就讀的台中一中資優班，高一和高二不上社會科，直到高三，老師才會帶大家複習高中三年的社會科課程，因此在學測考試之前，社會科就成為博文最大的壓力來源。

為了在學測上贏得好成績，他靠著念社會科總複習講義，自己把高中三年的社會科認真讀完一遍。但他也建議念自然組的同學們，直接去補習班補社會科未嘗不是一個好方法，可以跟著補習班進度，快速念完高中三年的社會科課程。

自然科──直接讀參考書

博文在高一和高二時，忙於社團活動和競賽，讀書的時間相對減少，因此他十分把握讀書時間，自然科並沒有特別寫筆記的習慣，而是把時間花在充分理解和記憶課程內容上。

他認為學校的自然科課本內容比較簡單，只讀課本的話應付不了考試，因此在準備自然科的時候，他建議大家可以直接看參考書、做參考書的題目，對於考試會有直接的幫助。

念物理不要走捷徑

擅長物理的博文，認為學習物理的方法就是從最基本的開始學起。他說自己從來不硬背公式，反而會先去理解一個概念，慢慢地將公式推導出來，而這個推導過程，就是在培養自己解題的思維能力。有些補習班為了幫助學生快速解題，還會針對一些題型再從中延伸一些小公式給學生背誦，這些都是應付小考以及特殊題目的捷徑，博文建議同學們念物理最好還是先搞懂基本觀念，因為那些小公式也是從基本觀念推演出來的。

博文也建議想要把物理學好的同學，一開始多花點耐心解題，從最簡單的題目開始，不要貪快，慢慢把答案想出來，培養自己的「物理感」。可能有些同學會認為，從最基本的題目開始寫，會花很多時間，可是其實一開始看到一個新東西的時候，一定是完全陌生的，想要從陌生到熟悉，只有耐心去思考，算過一遍之後，就知道自己的思路如何，那麼下次看到這類題目時就會很快有所反應。

「不能為了強解這個題目就把它的公式背起來，這是錯誤的。」博文希望大家在準備物理時，能夠記住這個觀念。

做題目時，除非真的完全不知道從哪裡下手，才去看詳解，而詳解其實也是從最基礎觀念開始解起，不可能直接套一個公式馬上解出答案。

在準備指考方面，博文認為物理基礎要扎根扎穩，對於考試靈活的題型才能遊刃有餘，他分析高中物理課程當中，運動學、力學多半是考比較計算類題型，而電磁波、核、近

代物理則是傾向於觀念，不會考太多公式。有些物理考試題型可能每一種觀念都需要用到，尤其是一些典型的題目，需要每個地方再整合，其實目的就是要學生理解每一個篇章中最基本的概念，如果基本觀念已經記得很清楚，其他推導出來的公式沒有記得很熟也沒關係。

從最簡單的題目中訓練數學題感

指考數學滿分的博文，印象中沒有做過什麼解不出來的數學題目，就算是沒有寫過的題型，只要從頭開始慢慢思考，他也能夠完整地把答案推演出來。他看見許多同學平常在算數學時，都很急著要將答案寫出來，甚至直接看答案背題目，那其實是錯誤的做法。

他說，數學要考好，常常都是要看有沒有那個「題感」，而這種題感是從平日多做數學題目中訓練出來的。一般同學在寫題目的時候通常有兩種解法，一種是用「暴力」去解，一定可以解開，另一個方式就是換個角度去想，而那種「題感」是需要時間慢慢去培養，練習了很多題目之後才會找到。

他鼓勵同學們，平時練習數學時，就算遇到一個很複雜的題目，還是要耐心去思考，在想題目的過程中，思路會越來越流暢，寫數學題目的題感也會逐漸培養出來。

他以排列組合為例，假如題目是：發給你五張牌，那麼你得到同花順的機率是多少？有人可能會直接想背補習班教的公式，公式可能也很好用，但這樣一來就完全不知道答案為什麼而來，所以還是要靠自己去想，一點一滴地找出解答。

有時候最笨的方法雖然會花很多時間，但往往會讓你對這個題目印象特別深刻。

博文強調數理科要學的是思路，找到自己的思路，數理科就會越念越好，而培養思路的方法之一，就是多做題目。

雖然博文的數學很強，但是面對考試時他也不敢掉以輕心，他有系統地理解了高中所有數學課程後，就開始大量做考古題。他說，多做題目，下次第一眼看到相關題目就會記得在哪裡寫過，可以馬上寫出答案。

準備學測時，一定要把高中數學都拿出來看一遍，找出自己最不熟的部分，把它徹底弄懂。他說圓錐類題型近年來已經沒有考得那麼難，而導數雖然是三年級之後上的內容，但指考一定會考，同學們無論如何都要念。

針對較弱的章節念化學

化學這一科的內容比較繁雜，有些章節偏重計算，而有些章節偏重記憶，內容可說包羅萬象。博文說，他會針對自己比較弱的那幾個章節，找參考書來讀，該背的就背起來，他背化學元素的方法是利用諧音；除此之外，他覺得其他同學用的「畫圖記憶法」、「聯想記憶法」也不錯，只要能夠幫助自己背得起來的都是好方法。

而考前最重要的還是做考古題，這也是他能把化學考好的主要原因。

高三生考前準備

安排讀書計畫

博文針對指考安排的讀書計畫是大範圍的，分為三階段：第一階段是前兩個月把指考要考的課程內容全部讀完一遍；第三個月把不熟的部分再讀一次；最後一個月進入衝刺階段，以寫考古題為主。高三時為了準備考試，他花了很多時間寫各科考古題，培養自己的「題感」，成果也在指考成績中表現出來了。

掌握讀書時間

高三準備指考期間，博文維持穩定的生活習慣：早上七點半到學校念書、念到下午五點之後去打撞球再回家，每天最晚十二點一定上床睡覺。

他會把自己最不擅長的背科安排在早上念，等到下午快要念不下書時，就開始看一些讓自己比較有自信的科目。

他很清楚自己哪些科目讀得比較熟，哪些科目讀得比較不熟，如果讀書過程中遇到瓶頸讀不下去，或是再讀下去也沒有進度，他就會改念別的科目。

練習寫題速度

學測和指考都考過的博文說，指考除了考得比較難之外，還有一個地方是考生需要注意的，那就是時間掌握。指考的考試時間比較短，因此考前準備時，寫考古題一定要注意速度，可以稍微計算一下時間，確定自己能在規定時間內做完題目。

考試時如果一開始就遇到難題，也不需要太慌張，因為那可能是考卷裡最難的一題，只是剛好排在第一題而已，不會寫的話就直接跳過，先寫自己有把握的題目。

從國中到高中一路領先的滿級分資優生
李昕穎

台大電機系
學測滿級分
台中一中數理資優班

目前就讀台大電機系一年級的李昕穎，從小就是功課頂尖的資優生。出生醫師世家的他，家中有五個親戚都是醫生，但他對醫師的工作並沒有太大興趣，高二時選擇了第二類組，而第二類組的第一志願是台大電機系，從此他便以進入台大電機系為目標。

昕穎高中時就讀的是競爭激烈的台中一中數理資優班，但他的高中生活卻不是只有念書而已，高二時，他參加了奧林匹亞競賽和一些課外活動，對他來說，把時間花在這些活動上比死讀書更有意義。他開玩笑地說：「高中不做這些事情要做什麼？」他不希望自己因為讀書而不去做自己想做的事情，否則就太浪費青春了。

他在高中時加入了可以讓自己動動腦的橋藝社，並且和一群志同道合的同學共組物理讀書會，能和這些有共同興趣的同學一起學習，他覺得是非常有樂趣的。此外，讀書會中的學長對他的影響也很大，引導他走進更專精的學問領域，從此打開了他對物理的視野。

按照自己的步調讀書

　　昕穎高一到高二的成績一直維持在全班前五名，但是，直到升高三的暑假，他才開始把心思轉移到準備學測上。

　　他認為如果能夠按部就班地把每一個科目每一個章節，從高一就開始穩紮穩打地學習，那是非常好的，但是每個人的想法和目標不同，以他自己為例，他覺得高中讀書是以考試為取向，大學才是真正做學問的開始。對他來說，考試最大的目標，就是進入第一學府台大就讀。

　　以考試為目的讀書，使得昕穎在考試成績上表現突出，就算不是完全懂，他隔天上考場還是能考得很好。他認為做什麼事情都是一樣，具有明確目標，找到方法，就能達到事半功倍的效果。

　　考試最重要的是培養題感和解題技巧。因此，熟做題目是一定的，從做題中可以啟發自己該怎麼讀這一門科目的靈感，如此一來，努力的方向和考試才是一致的。準備考試的時候，不要想太多，也不要悶著頭非要把所有學習上的問題都解決不可，這樣時間會不夠用，反而考不好。

　　昕穎念書一向有自己的步調，因此沒有細訂讀書計畫表，不過心理上大致都知道該讀到哪些進度，有時候也會憑感覺去念，就是覺得哪些地方特別重要、哪些地方自己需要搞懂，會從這一方面著手；每天按自己進度讀書，考試前就不會太緊張。自從有了考上台大電機的目標之後，他就不會跟著學校的考試進度走，有時學校考試成績不是很理想，也不會因此而難過，放在心上。

讀書要有系統

對於考試很有心得的昕穎說，現在學測考題越來越靈活，如果只會背書就想把試考好，那是不容易的，所以準備學測既要努力，念書也要有方法。

例如，當你在讀一個科目時，一定要先知道自己在讀什麼，為什麼會讀到這個章節？學會之後要接到哪個方向？這就是一個課程系統，無論是讀數理科目還是國文英文以及社會科目，都要先把這個系統架構起來。這樣做除了學習成果比較好之外，也訓練自己從每一個章節中去思考前因後果，不需要死背，就能透過連結，對書本內容產生深刻印象。

不擅長的科目，只要不放棄就有機會

問起昕穎有沒有特別不擅長的科目，他說自己每一科的成績都發展得滿平均的，而他也沒有特別不喜歡的科目。他笑說，「既然這些科目考試都要考，當然也不能討厭任何一科。」他認為每一個科目都有學習的趣味所在，而大多數學生之所以特別討厭某一個科目，是因為對於那一科沒有耐心去深入了解，也可能是一開始在學習時遇到挫折，就打退堂鼓，不想靠近它了。

他以數學為例，數學科目很強的人分為兩種，一種是非常有天分，經常參加競賽得獎的學生；另一種則是數學成績保持得不錯的學生，多半是靠後天努力而來。他認為數學只要願意花時間理解和做題目，就可以得到很好的分數，而那些自認

為數學怎麼樣都學不好的人，大多是因為太早放棄的緣故。

昕穎說，考學測時每一科成績都很重要，就算你對於某一個科目有學習障礙，成績一直無法提升，也不要太早放棄，否則成績只會更糟。

一門科目讀不好的原因，可能只是還沒有找到適合自己的學習方法，可以盡量向成績好的同學請教，嘗試一下他們的讀書方法。不管是念課本、講義，還是只單純做題目都沒有關係，只要持續接觸這一科，就有突破的機會。

昕穎也提醒同學們，你不一定要喜歡所有考試科目，但是千萬不要特別討厭某一科，要看到你的背後的學習動機是考上理想的大學，以這個動機去學好它們，至少讓這一科維持中等分數。

如果學測要考的科目，其中一科分數特別低，那麼就不太可能申請到好學校，因此，不妨把想要考上第一志願的意念，轉化成自己學習上的一大動力。

使用一本有系統整理的參考書，把社會科讀好

就讀第二、三類組的學生，通常最弱的科目就是社會科。為了讓學測各科成績保持平均水準，昕穎高三時花費在社會科的時間特別多，想要將高一高二的社會科課程補強。

「當時的目標就是讀到社會科一定能拿到十五級分。」他說。

社會科著重記憶能力的部分不少，因此能靠記憶的內容他會盡量背誦起來，但他認為念書時整體的觀念架構還是非

常重要，他會找一本看起來有系統、整理得不錯的參考書籍，搭配著課本和講義一起讀，不但容易理解，也比較容易記住重點。

鍛鍊國文實力

喜歡思考的昕穎從小便大量閱讀各種課外書籍，幾乎什麼樣類型的書他都看，因而培養出良好的語言能力，讓從國中就念數理資優班的他，對於國文科目一點也不感到棘手。

他認為是否要上補習班因人而異，而且現階段在學測時的國學常識部分比重很少，不一定必要花時間記誦一本又一本的講義資料。

他在高三時準備國文和英文這兩科時，主要就是以練習作文為主。在國文作文方面，高三時他每週至少寫一篇國文作文，從這項訓練中，他培養出了明快下筆的作文能力。

英文多背多寫

昕穎從小並沒有上英語補習班，但是小時候有機會和一位母語人士學習，使他提早接觸到英語，因而對它不感到陌生。

想要學好英文，從小就要培養英文聽說的能力，再去累積單字和文法能力。背單字是一定要背，但是要講求方法和效果，例如可以先從字根字首開始熟悉，記多了字根字首，遇到生詞也有一定的機會可以從字根和字首去猜出這個字的

意思。他認為單字量視每個人的接受程度而定，重要的是，每天都要反覆複習之前背的單字，才不會背了新的，又忘了舊的。

至於句型和文法，看課本一定不夠，還要看老師整理的補充資料。當時班上有訂閱《空中英語教室》雜誌，老師規定大家要看也會考試，這麼一來，就等於在課本之外補充了大量句型和文法，更加充實英文實力。

英文作文靠的就是多寫，而且寫完一定要請老師修改。也許學校的英文老師沒有辦法兼顧到所有學生的需求，因此不妨善用補習班資源，請補習班老師幫忙修改，大多數的補習班都有提供英文作文修改的服務。

昕穎認為學測英文的選擇題，難度並沒有國文高，不必過於鑽研艱深的考題，「國文就算題目看懂了，也不一定寫得出答案。」他說，但英文就不一樣了，有時候即使看不懂題目，也能從前後文當中去猜出意思和答案。

在考前兩個月，英文最有投資報酬率的準備就是背單字，另外也可以找一些在作文中用得到的漂亮句型，把它們背起來，讓自己的英文作文更有看頭。

社會科要大量做題目

昕穎說，社會科內容十分繁瑣，要把全部教材內容都記起來很不容易，而且就算都記得起來，也可能因為不熟悉題目的重新排列組合方式而無法活用，即使背了很多東西，也考不出好成績。

他認為社會科考前最重要的準備，就是大量做題目。其實社會科到最後會透過怎樣的組合呈現在學測題目當中，都是很活的，因此，平常如果沒有大量做題目來培養題感，就算課本全部讀懂了，到了考場也不一定會做題目。以他的經驗來看，社會科只要願意多花時間做題目，拿到十五級分應該沒有問題。

由於社會科題目常有不同敘述方式，萬一不熟悉考題的敘述方式，而一味照著自己的想法去想，也可能會答非所問。他提醒考生，在考試時一定要看清楚題目本身的重點是什麼，避免因為看了一些不重要的內容，而分散對題目本身的思考力。寫題目時學會分辨哪些敘述是重要的，而哪些只是混淆視聽是很重要的。在寫其他題目的過程中，也可以慢慢觸發對原本不會的題目的靈感。

數理科一定要看講義

數理科是昕穎最喜歡的科目，因為數理科目重理解，可以發揮他喜歡動腦的實力。他從國中時就扎實地打下了數理基礎，因此上了高中之後念起數理得心應手，高三學測前，他也沒有再多花時間準備。

他認為數理科目最重要的是觀念，若觀念懂了，就可以透過邏輯演繹慢慢解出答案，但一開始可以從多做題目開始。

他說高中數學、物理以及化學課本裡的內容都偏概要，因此一定要看老師補充的講義，如果沒有講義，也可以找一本內容充實的參考書來念。

由於學測考的是跨章節內容，很有挑戰性，所以好好整理從高一到高三的內容十分重要，通常補習班老師都會提供學生一套有系統的數理觀念整理講義，因此只要跟著複習，準備學測就不會太困難。

做筆記要能增強學習效果才有意義

「其實很多參考書都已經幫你把內容整理得很好，如果做筆記只是把相同的東西，從頭到尾再抄一遍，那是沒有意義的。」昕穎一針見血地說。

每個人讀書的習慣不同，有些人覺得把筆記本做得美美的，讀書心情會比較好，在抄寫過程中也能加強記憶，但是以他的讀書方式來說，他比較重視理解，「寫那些筆記的時間，都已經可以讀好多東西了。」昕穎認為盲目地做筆記，只是浪費時間而已。不過，他平常雖然不會特別做筆記，還是會將老師上課時補充的重點記在課本上，做為日後複習的參考。

此外，大多數參考書都已經針對過去的考試方向做好整理，如果實在不知道如何做筆記也沒有時間做筆記的人，不如好好挑一本參考書來念。千萬不要明明看不懂想不通課程內容，卻硬是要求自己坐在書桌前花時間抄筆記，他建議，寧可把這些時間拿去請教同學和老師，把不懂的地方搞懂，更有學習效率。

無論大考小考一定要找出錯誤所在

昕穎說，無論高中時經歷過多少考試，都只是學測和指考的前哨戰而已，因此在面對這些大考小考時，最重要的不是把分數考得多好，而是透過這些過程，找出自己理解得不夠的部分加以補強，並且修正自己理解錯誤的部分，等到真正上學測考場時，才能有理想的成績。

他分析這些考試上的錯誤，以數學和物理化學來說，不外乎是記錯公式和算錯題目，如果是記錯公式就要把對的公式找出來，如果是算錯了就要重算一遍，如果是理解錯誤的問題，那麼不懂的地方一定要去請教老師。

至於國文和英文最常發生的問題就是理解錯誤，這種理解上的錯誤不是對於課本內容理解不足，比較像是和出題老師之間想法上的差異。「出題老師是這麼想的，但是你理解錯了，答案自然也就寫錯了。」他說，這樣的錯誤在考試時難以完全避免，但是一定要知道自己是錯在哪個環節。每一次小考結束，除了訂正考卷之外，也要反省自己，但不要看到成績考差了就心灰意冷。考不好一定有原因，幸運的是這只是小考而已，一切都還來得及補救。如果是因為沒有念到而考不好，那也是理所當然的，只要把沒念到的部分補上進度就好了；如果認真念了還考不好，那就要去了解自己是理解錯誤還是記錯了？或是臨場太緊張？這些細微的檢討，都有助於提升下一次考試的成績，累積真正應付學測和指考的實力。

高三生如何準備考試？

調適心情很重要

　　昕穎說在準備學測的過程中盡量保持愉快心情很重要，每個人都會遇到學習障礙的時候，偶爾他也有念不完或念不下書的時候，「念了半個小時還是只念同一頁，也沒有真正念進去，這樣真的很沒效率。」昕穎說，遇到心情煩悶時，不如放下課本，去做一些自己喜歡的事情，之後再回來專心念書。

　　以他自己為例，當他心煩氣躁、念不下書時會去做運動或是看閒書，偶爾也會上網，讓自己的心情慢慢調整回最佳的讀書狀態。

　　如果同學們平常在學校的段考成績考差了，也不要沉溺在難過的情緒太久，要努力打起精神來，看看自己到底錯在哪裡，再做修正即可。他說，面對學測是很有壓力的，像是處在一條長期抗戰的道路上，因此絕對不能讓自己在這段過程中，輕易地被情緒所打垮，保持樂觀的心情，有助於通過學測這道關卡。

不要讓學校考試進度，影響準備學測的進度

　　昕穎認為學測是最重要的，因此盡量不讓學校的考試進度來影響自己的念書進度；也不會因為在學校的小考成績不理想，心情就大受影響，這些學校考試對他來說都只是一個過程，考上台大才是他的終極目標。

　　由於他有明確的目標，在準備學測和指考上，才能夠專心一志地努力向前，進而敲開台大電機系的大門。

甄試小提醒

面試和備審資料準備

　　學測過關之後，緊接著是筆試，台大電機系只有考數學和物理，不需要面試，數學和物理是昕穎的強項，因此輕鬆過關。

　　至於在備審資料準備應該要注意些什麼？昕穎說數理資優班學生在這個部分有先天上的優勢，因為他們在高中時就經常參加競賽，而這些經驗也是教授們所重視的。

　　如果同學們沒有競賽的經驗也不用擔心，就盡量在「讀書計畫」和「未來願景」這兩項中好好表現自己，「說一些教授們可能想聽的話。」

　　舉例來說，同學們可以在台大電機系網頁上找到一些系上相關的活動和計畫，或是他們和產業界合作的計畫，事先研究一番，然後告訴教授們自己對於哪個計畫有興趣，希望能夠加入；這麼一來，教授就會認為你對於電機系的課程是真的有所了解也有學習熱忱，因而樂於接納你。

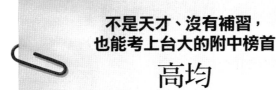

不是天才、沒有補習，
也能考上台大的附中榜首

高均

台大法律系
師大附中第一類組指考榜首

　　台大法律系長久以來一直是社會組學生心目中的夢幻科系，而大家對於台大法律系學生的想像，大多是非常地聰明、能言善道，但是，以指考四百九十點七二高分考上台大法律系，並且榮登附中第一類組榜首的高均，在她的身上卻看不到榜首的企圖心和傲氣。

　　高均說她在附中指考模擬考是全校第二名，能考上台大法律系並不意外，但是能夠成為附中第一類組的榜首，自己還是不太敢置信。個性內向的她會選擇台大法律系的原因，除了出路廣之外，其實是受到高中學長的影響。

　　高三那一年，學校邀請了就讀大學的學長姊回來演講，向大家介紹各系所的特色，原本她聽得昏昏欲睡，但是當她看到一位台北大學法律系的學長在台上介紹法律學系的課程內容時，突然覺得眼睛一亮，十分心動。當時她下定決心，一定要考上法律系，成為一個能言善辯，努力為社會伸張正義的人。

把念書當作生活重心

　　高均並不是從小就喜歡讀書的人，小學三年級時，班上有個每學期更換座位的制度，老師會將成績好的同學座位安排在成績不好的同學旁邊，以提振班上的讀書士氣。這種做法提醒了每位同學注意自己的成績，也讓高均下定決心要開始好好念書。

　　高均坦言自己是屬於「苦讀型」的學生，她從國中開始，每天晚上都念書到半夜一、兩點才就寢，問她會不會太累，她笑說不會，放學回家之後她也會看電視，只是很能自我掌握時間，如果因為電視看太久而影響了當天的念書進度，她就會多花一點時間把進度補回來。

　　她的努力自然也反應在學業成績上，使她從此愛上了念書這件事情。高均說，她在念書過程當中得到了很大成就感，也在每一次的考試之中，找到自我挑戰的樂趣。

　　在準備學測時，她更加努力地用功念書，經常念到腦袋再也塞不下任何東西才罷休；而某一科念到很煩的時候，她會換另一科目來念，但這種情形很少發生，因為她一打開書本，往往整個人就像著了魔一樣，沉浸在書本的世界裡，無法自拔。

　　直到現在上了大學，其他同學都忙於各種社團活動、交誼活動，但是對高均來說，大學生活最有趣的還是念書，她會在寒暑假開始時就將下學期的教科書買好，整個寒暑假都在念下學期的課本。

背書是興趣

高均說自己是一個很容易緊張的人，尤其是面對課業壓力，她常常擔心自己書讀不完。

「我看書看得很慢。」高均說，她之所以看書會看得慢，主要是因為她總忍不住一邊看書一邊把課文背下來，就算知道人名以及一些小細節不需要背，她也無法克制自己想把它背下來的欲望，這成為她在學習上感到十分苦惱的事。

她曾經嘗試過背一本內容解說非常豐富的單字書，但她發現自己連解說當中的同義字和反義字也都想背起來，感到壓力沉重，怎麼都背不完，後來她索性去書店買了一本只有中英文對照的單字書，結果很快就背完了。

有趣的是，高均在念書時也會經常自己扮演老師和學生，用一問一答的方式將課本內容「說」出來，這個方法能幫助她加強記憶。而她之所以會想到這個角色扮演的方法，其實是來自於小時候想當老師的念頭。

筆記一定要做得整齊漂亮

高均是個十分勤奮用功的學生，她在每一堂課上都會認真聽講做筆記，回家之後反覆記憶背誦課文。此外，她也會花許多時間做題目，因此就連她最不擅長的物理和化學，平時考試也都能維持在七十幾分的成績。

為了怕遺漏老師在課堂上所說的重點，她會將上課時老師所說的話一字不漏地照抄下來。

做筆記是高均念書主要的方法，她說抄筆記就是在整理重點，而且自己手寫過一遍重點之後，印象比較深刻，可以說是一舉兩得。

她坦言自己很愛做筆記，而且花了許多時間做筆記，在課堂上的重點抄寫下來不夠，回到家她還會把這些內容，重新整理在另外一本筆記本上。

「如果筆記寫得不好，就再重寫。」處女座的她皺著眉頭說：「我沒有辦法忍受自己的筆記寫得不漂亮。」因此，同樣的內容，她往往會不厭其煩地抄寫兩、三遍。

通常她的筆記會用幾種不同顏色的筆來區分重點，螢光筆是她用來提醒自己需要特別注意的地方，她平常不太會使用便利貼來記重點，因為便利貼通常都有底色，「萬一寫錯了用立可白塗掉，看起來髒髒的。」她說。

高均的筆記字跡工整版面漂亮，讓她在複習時一目了然，而每個科目從上課聽老師講解做筆記，到重複做了幾次筆記之後，多數課程內容她都能記起來，也算是一種獨特的學習之道。

練習把小事寫成一篇好文章

國文作文是許多高中生感到棘手的部分，寫出一篇結構完整的文章，對於許多考生而言也是一大挑戰。

為了寫好作文，高均很努力地背成語、名言佳句；一開始她以為國文作文要寫得優美、修辭要很講究，但是國文老師告訴他們：「只要把自己的心情寫出來，引起批改老師共

鳴就可以，不一定要寫得很優美。其實，生活當中的小事也可以變成一篇好文章。」

聽了國文老師的建議之後，往後她在寫作文時，會盡量找在日常生活中自己最有感觸的事物來發揮。她自認國文作文並沒有寫得特別好，但是這個寫作方法足以讓她應付學測的國文作文。

棒球是提振信心的來源

高均說自己是一個很容易緊張的人，對於考試當中的失誤常常招架不住，容易失去信心。

個性內向的她，平常沒有多餘的課外活動，也不喜歡上網，最多只是上網查找資料。她唯一的興趣就是棒球，她說指考前支持自己勇往直前的最大動力，就是指考結束後能到天母棒球場看兄弟象的比賽。

每當她因念書感到情緒低落、意志消沉時，棒球就成為她重振信心的來源。

對於棒球十分著迷的她，不僅欣賞球員們為了爭取榮譽而努力不懈的精神，對於球員們說過的話她也會牢記在心，像是：

「如果要放手一搏，就要心無旁鶩地放手一搏。」

「在練習的時候把自己當成最弱的球員，在上場的時候就要把自己當成最厲害的球員。」

平常，她會把這些話寫在便利貼，貼在牆上，用來勉勵自己。

考試前先想好策略

在棒球比賽當中，為了求得最後的勝利，偶然會出現故意四壞球或犧牲打，因此，她從棒球中也體悟到了一些考試的技巧，那就是：遇到不會的題目就先跳過去，不要讓那些題目消磨了自己在考場上的自信心。

面對考試時，她會先從自己有把握的題目開始做起，最後再回頭思考那些不會的題目；如果考前準備得夠充實，那麼即使有一、兩個題目失分，也不至於影響考試的結果。

數學好了，其他科目也會跟著變好

念社會組的高均，高一時數學成績並不好，她下定決心把數學讀好，因此高二時自願當起班上的數學小老師。後來，她的數學有了明顯的進步。

她說：「數學變好的第一步，就是把課本的題目都算會。」

曾經有位數學老師鼓勵他們一定不能放棄數學，他說：「只要把數學學好，其他科目成績才會變好。」

高均一開始半信半疑，但後來當她發現多算數學，真的會讓自己的思緒變得清晰，因而對那位老師的話產生了共鳴；數學其實就是種邏輯思考，加強邏輯訓練，對於文科的學習也很有幫助。

一定要念課本

不管是小考、段考、模擬考、學測或指考，最基本的出題觀念大都是從課本而來的，因此高均認為學習基礎要打好，就是要把課本的觀念徹底搞懂。如果觀念弄清楚了，以後就算遇到不太熟悉的題型，也能夠憑著觀念，慢慢推演出答案。

她說，指考範圍雖然比較大，但主要是考各科基本觀念，因此更要熟讀課本，了解課本裡的基本觀念。她以數學為例，通常學校的段考考得比較細，如果只念課本會考不好，但是光念課本，對於指考是很有幫助的。

高三生考前準備

不要失去信心

　　高均說她在考前一百天時開始練習寫數學考古題並測分，第一部分考了六十分、第二部分考了四十分，第三部分原本以為可以寫好，結果發現自己一題都不會寫，這簡直把她嚇傻了，一整個晚上都在考衝班裡發呆。

　　回家之後她看棒球比賽，看到捕手接受訪問時說那天贏球的曹錦輝在牛棚練習時的狀況其實並不好，由此得到了很大的啟發。

　　「練習時狀況不好沒有關係，上場贏球就好了。因此，考不好也不要失去信心。」高均說。

吸收學長姊的考試經驗

　　學測考前，學校邀請了一些學長姊回來分享考試心得，對於高均準備考試的幫助也很大，其中有位學長提醒學弟妹們要用強科來拉高弱科分數，考試第一天不要對答案，這些經驗讓她在面對指考時更有信心。

確立學測指考目標，選擇適合自己的讀書方法

　　高均了解自己在自然科目方面比較弱，因此高二選擇了第一類組。而高三準備考試時，她也以指考為目標，把學測當作練筆的過程，因此就算學測成績考得不理想，也沒有影響到她準備指考的心情。

　　相較於許多成績優秀的人，平常不太看電視，生活作息也維持早睡早起的習慣，高均卻是考前會看電視也會熬夜的人。她認為每個人準備考試的方法不同，只要選擇適合自己的

讀書方法，堅持下去，就能得到好成績。

以意志力撐過考前衝刺期

高均高中三年沒有補習過，主要是因為家庭經濟環境不允許，而另一個原因，是她去到人多嘈雜的補習班會有壓力。

在指考前一個月，有天她接到了一通電話，原本以為是某位阿姨打來的，因此她多聊了幾句，後來才知道是補習班考前衝刺班打來的招生電話。

「我想，這也許是命中注定的吧，於是就去參加考衝班了。」

回想起那段參加考衝班的日子，她現在還是有像是經歷一場惡夢的感覺。

一開始去考衝班時，她還覺得很新鮮，但後來實在撐不住，有一天晚上竟然在補習班忍不住哭了！

那時，她每天從早上八點鐘上課到晚上十點鐘都待在補習班，回到家累到什麼書也看不下，倒頭就睡了，身體也漸漸開始招架不住。她去看中醫，醫生說她的氣太虛了，必須吃中藥來調養身體，最後，她靠著補習回家之後可以看到棒球比賽的精采重播，才勉強撐過考衝班的那一個月。

她說自己在學測前三天，突然覺得心裡有股氣想要發出，全身都充滿了力量。

因為有了充分的準備，所以考試時她不但不會緊張，反而有一種大展身手的衝勁。

「該休息的時候就要休息。」她提醒正準備高三學測的考生們，一定要注意身體的健康，維持正常的作息時間也很重要。

面對考試，考生心理的壓力有時會比課業壓力還要大，因此更需要調適自己的心情，才能克服學測這道關卡。

從讀書中找到樂趣的北一女第一名畢業生
陳冠瑋

台大法律系
學測北一女繁星計畫推薦

陳冠瑋是從繁星計畫當中脫穎而出,進入台大法律系就讀。她在就讀北一女時,第一學期到第五學期在校平均成績是全校社會組第一名,表現相當優異,也因此成為北一女提名繁星計畫的學生。

從小到大,讀書對冠瑋而言並不是一件辛苦的事情,她從讀書和考試當中找到了不少樂趣。

冠瑋說,小時候父母親會督促她讀書,但到了小學二、三年級時,發現她已能自動自發地念書,就不再干涉她的課業了。父母親只希望她能在快樂的學習環境下成長,因此,即使她考進了另一所國小的資優班,他們還是覺得資優班壓力太大,會讓她不快樂,決定讓她念普通班就好;冠瑋的父母親教養方式很開明,不但從來不盯她的功課,反而還常常要她別再讀書了。

冠瑋國中就讀南門國中,之後以基測滿級分考進北一女。除了小時候上過兒童美語,她從來沒有補習過,因為她認為去補習只是念補習班老師整理好的資料而已,終究自己

還是要花時間去念才會有好成績，因此不如自己好好安排時間念書。

安排好讀書時間，高中生活很自在

提起高中生活，冠瑋說最忙碌的時期是高一和高二；高一入學後，第一次段考平均八十五分以上，依學校規定要參加樂隊甄選，所以她也就順理成章地成為樂隊的一員。

有過相同經驗的學生都知道，練習是非常辛苦的，但是冠瑋可不這麼想，「雖然辛苦，但是很好玩。」她說那段練習的日子，是非常珍貴的回憶。

除了樂隊之外，高一和高二她還參加了社團活動、班上的班際活動，像是話劇演出就佔據了她很多念書的時間，但她仍然可以維持好成績，原因就是她知道自己花了很多時間在課外活動上，因此一有空閒時間念書就會格外珍惜，不但自己安排讀書計畫，也充分掌握讀書效率。

她很喜歡安排讀書計畫，而且是一條一條寫下來，如果完成了就用紅筆畫掉，「達成了計畫，就覺得很有成就感。」她說，這也是她從讀書當中找到的樂趣之一。

在讀書計畫表方面，最重要的是執行度，如果訂得不切實際，很容易就放棄。因此，一個科目，她也會分別排出學校段考、以及大考的進度。她也建議同學們，最好隨時檢驗自己的讀書計畫，大約每個星期檢驗一次，不斷地調整做出最適合自己的讀書計畫。

「高一和高二的時候，每次段考結束之後，我就會放自

己一到兩個星期的假。」冠瑋說。

她不是那種除了讀書之外就沒有其他興趣的學生，平常她喜歡和同學們出去玩，也喜歡音樂，經常利用課餘時間參加各種活動。

對她來說，只要做好讀書計畫，把握學習上的進度，就如同吃下了定心丸一樣，可以安心地做自己想做的事情。而且她覺得，既然安排了出去玩的時間就一定要好好地玩，不要再想著念書的事。

有付出就有實力和信心

冠瑋認為任何事情要做得好，最重要的就是建立起自信心，而往往第一次嘗試就是建立信心的關鍵，一定要全力以赴，考試也是如此。她記得自己上高中之後第一次的考試，和高一升高二分班的第一次考試都考得很好，是她建立讀書自信心的起點，也成為她想要繼續努力維持好成績的動力來源。

「你會覺得自己是有那個實力的，如果成績掉下來了，就會想要回到原來該有的水準上。」即使第一次模擬考分數不理想，她也覺得自己有實力爬回去，不會因一時的挫折而氣餒。

很多人都說對自己沒信心，考試臨場時壓力很大容易出錯，面對大考一向鎮定自若的冠瑋說，信心不是平空想像來的，是根據自己平常的努力而來的。

首先你必須相信，有付出就有實力，你花的念書時間一

定會回饋在考試成績上。如果偶爾考試成績不理想，也不要覺得自己「完蛋了」！「我這一科就是學不好」，千萬不要輕易放棄。有時數學考差了，她就會把「我一定要打敗數學」這類勵志的話寫在便利貼上，貼在平時看得到的地方，像是書桌上，來勉勵自己。

冠瑋說高三時有兩次模擬考，數學一度考得很不理想，甚至只有十級分，令她感到很挫敗，而回頭訂正考卷時，她發現那些錯誤的題目其實自己都會，只是算錯了。這兩次失敗的經驗，激勵她要花更多時間戰勝數學，也提醒她考試時臨場要更細心，像是在考場上，有些題目要問的是對的選項，有些是要問錯的選項，一定要看清楚才下筆，不然寫錯答案會很冤枉。

考試時如果有遇到不懂的題目，不妨先跳過去，把全部考題寫完再回去看，也許想法會不一樣，就能找出答案了。如果實在不會，也不要太緊張，因而亂了陣腳，先努力把其他的分數都拿到再說，「反正滿級分也不用全對，就顧全大局囉。」她說。

上課筆記挑重點寫

冠瑋平常上課時會將老師講授的重點記在課本的空白處，等到複習時或段考之前，再花時間將這些內容整理在另一本筆記本上。「但不是全部寫，是挑重點寫，而且用條列式的方式呈現，這樣有助於複習。」

平時無論大考小考，她都會將錯誤訂正在筆記本上，每

一科一本，而這些「訂正筆記本」就是她高三時重要的複習指南。

把國文課本拆開，隨身攜帶閱讀

在各項學測考試科目當中，國文是冠瑋比較不費力的科目，因此她不會特別規畫出一段時間來念國文，而是把學校老師給的講義依照章節拆開來，隨身攜帶在身上，利用吃飯或是等公車的零碎時間來閱讀。

閱讀名家散文，累積作文實力

從高一開始，冠瑋的國文老師為了培養學生們的作文能力，會推薦一些名家散文給學生閱讀，其中作家張曉風女士的作品，就是冠瑋經常閱讀的課外讀物；除此之外，她也喜歡閱讀各種類型小說，對於提升國文寫作能力很有幫助。

上了高三之後，國文老師指定一定要讀的兩本講義，一本是北區模擬考考古題，一本是學測考古題，她都會按進度做題目。教育部公布的四十篇古文也是必背項目之一，如果有餘力，再讀《古文觀止》，遇到看不懂的地方就上網查。

此外，學校每週都固定會有一堂寫作課，經由這堂課的訓練，以後她看見什麼作文題目，幾乎都知道如何下筆。不過對於國文作文分數的掌握，她卻自認沒有英文作文來得好，「我覺得國文作文閱卷時較為主觀。」

通常作文的觀點若是和閱卷老師的觀點不盡相同，風險

很大。但是在寫作方面，冠瑋很有自己的想法，有時她明明知道閱卷老師可能期待的內容是什麼，但還是堅持書寫自己的觀點，算是一種小小的叛逆。其實，這種做法如果引起閱卷老師的共鳴，也有可能在眾多平凡的文章當中受到矚目。

從雜誌和課外讀物中充實英文實力

高中時，學校老師要求全班集體訂閱《空中英語教室》、《常春藤英語》雜誌，並且按進度考試，讓冠瑋無論是英文的單字或是文法能力，都增進不少。

對於語言特別感興趣的冠瑋，上大學之後還選修了日文和德文，她不覺得自己對於語言學習特別有天分，認為語言就是多接觸、多下功夫就能把它學好。

她喜歡讀英文小說，像是《哈利波特》英文版一上市，她第一時間就買來閱讀，中文版上市之後，她也興致勃勃地跑去書店排隊買來再讀一次，在別人眼中看來艱澀難懂的原文書，她讀來卻是興味盎然。她說，在閱讀這些原文小說時，不需要對自己看不懂的單字感到壓力，當那些重要詞彙在閱讀過程中不斷出現，到最後幾乎都能猜出意思來，而偶然出現一些不懂的單字也不影響閱讀，她都會直接跳過看完整本小說，再回頭查單字。

抓緊零碎時間背單字

學英文最基本的就是要充實單字量，冠瑋不贊成直接拿

單字書來死背，她比較建議從閱讀英文文章當中，去了解一個單字的前後文意思和用法的方式來背單字，一旦文章看多了，自然會加強記憶，背單字也不會太痛苦。

她通常會利用一些零碎時間來背單字，像是吃飯時間、等公車時間，甚至是老師上課上到一半在台上聊天的時間，她也會抓緊時間努力背單字。

多練習寫作，參考其他同學的優秀作品

至於英文作文，除了平時要累積一定的英文文章閱讀量之外，到了高三，老師還規定她們要每週寫一篇英文作文給老師批改，而老師也會將作文寫得比較好的文章，貼在公布欄上給同學們欣賞。

冠瑋建議英文作文，可以大約寫一百二十個字，分成兩段，只要有架構、內容四平八穩不要出錯，該提到的重點都有提到，分數自然就不會差。

社會科選一本最順眼的參考書來念

在準備社會科方面，冠瑋建議高二升高三暑假時，不妨選一本自己看起來最順眼寫起來也最順手的社會科參考書，以那本參考書為基礎，努力研讀。

冠瑋說，高中歷史比較不重視記憶而是觀念，例如某個時代的文化特色是什麼？與其他時代的對照比較？這些觀念的整理都很重要。她說自己的高中歷史老師很棒，會將課

本裡繁雜的內容有系統地整理出來，當她回頭念課本時，也會把課本的內容補充到這份講義上，這幫助她在複習時更輕鬆。

物理化學要按部就班地學習

選擇第一類組的冠瑋，其實各科的成績都很平均，即使是社會組同學最棘手的物理化學，對她而言也沒有太大難度。她認為物理和化學這兩個科目，只要國中時基礎有打好，而高一時把基本概念學好，應付學測考試就很容易了。

至於物理和化學這兩科如何打好基礎呢？冠瑋說，就是每一個章節都要學得很扎實、真的理解它的內容，如果有不懂的話，就要馬上問老師。

在準備自然科方面，大量寫考古題也很有幫助。冠瑋說，學測的自然科並不會考得很刁鑽，而自然科老師也經常對她們「信心喊話」，如果把考古題都弄懂的話，那麼學測考十二級分是不困難的。

高三生考前準備

生活要規律

　　高三時冠瑋的生活很規律，平常她會留在學校晚自習到九點，回家之後先吃點東西或看電視，讓自己放鬆一下，接著從十點半再念到十二點，從不熬夜。她認為每天保持良好的精神狀態去上課很重要，這樣每一堂課都能專心聽講，複習時也才得心應手。

考前「念什麼」很重要

　　冠瑋認為，高二升高三的暑假是準備學測的關鍵時刻，一定要好好把握這段時間，提前做準備，至少要將高一和高二所學的課程全部都看過一遍，這樣開學後才有餘力和時間，去學習高三的課程。

　　準備考試最需要講求效率，參考書、考古題和高中三年累積的錯誤訂正本，就是冠瑋學測前最重要的念書方向。

同學互相激勵

　　對於多數高中生而言，高三或許是最難熬的一年，但是冠瑋回想起來，認為那是她高中生活中最有趣的一年。

　　在這一年中，學校老師了解學生們的壓力很大，因此在課堂秩序管理就會稍微鬆懈一點，儘可能讓學生在最舒服的環境下，專心準備學測和指考。

　　當時，班上同學常會到合作社購買一大袋零食，一邊讀書一邊吃，她還會將自己的座位放置軟墊，並且在桌墊底下擺放一些自我勉勵格言或喜歡的明星照，把學校的課桌椅營造成一個舒適的讀書環境，念起書來更輕鬆自在。

高三時她特別喜歡在學校念書，那種和同學們一起為了考上大學的目標而努力的感覺，真的很棒。在學校念書還有一個好處，就是有問題時可以馬上問老師。

　　如果念書念到很煩悶時，她會乾脆趴在桌上睡覺，或是和同學聊聊天，紓解一下念書的壓力。有時，也會找同學去操場跑步，回來後再改換別的科目念。

　　冠瑋認為同學之間，像是並肩作戰的戰友，而不是考試的競爭對手，平常，她也很願意將自己做得美美的筆記借給同學，在學習上支援同學，她說：「不要怕把筆記借給同學，這樣才能激勵自己更努力提升自我。」她認為念書是和自己比較，不是和別人比較，最重要的是著眼在自己想要追求的目標。

學業和課外活動兼顧的北一女樂隊隊長
蔡加歆

🎓

台大國際企業系
北一女中
學測七十二級分，
甄試上台大國企、工管、經濟、會計、政治系

目前就讀台大國企系二年級的加歆，以學測七十二級分的成績，同時甄試上台大國企、工管、經濟、會計、政治五個科系，表現十分亮眼，之前她還回到母校北一女中，和學妹們分享自己的讀書經驗。

加歆在就讀北一女時，除了學業上的表現優異，她也積極參與班際和課外活動，她在高一時還被推選為北一女樂隊隊長。

當上隊長之後，除了原有的練習不可鬆懈之外，她也必須承擔一些管理上的壓力，像是有時學妹會說：「書都念不完了還要練團，可以請假嗎？」這些話更激勵了加歆想要把書念好、把考試考好，做為隊員們的榜樣的決心。

「因為，我想要把成績維持到最好，讓其他隊友知道，花時間練團並不會影響學業。」加歆說。

認真學習做好準備

在課業成績上始終是佼佼者的加歆，認為維持規律的作息和進度，對於念書來說，是很重要的事情。

在高三準備學測時，她擬定了一套自己的讀書計畫，以一週為單位，以週末為起始點，按表操課，按部就班地做好總複習的工作。

當時，她每天早上六點半起床去學校上課，下午五點半下課後先去吃飯，晚自習從六點念到九點半，再去操場跑步，之後才回家休息。此外，她從不熬夜，每天最晚十一點之前就上床睡覺，她認為讓自己睡飽很重要，隔天才有充足的精神和體力聽老師上課。她認為上課如果聽懂了，會比自己念還要快，所以上課時一定專心聽講，從不打瞌睡或做自己的事情。

加歆對於每一個科目都抱持著認真學習的態度，即使是自己不擅長的科目，她也會想辦法維持在一定的水準；以長遠目標來看，這樣學測成績才不會因為一科分數不理想而被拉低，錯失她想要考上台大的機會。

有些同學對於自己不擅長的科目會心生排斥甚至有想要放棄的念頭，但她認為如果目標是學測，就不能有逃避的心理。即使有些科目花了時間念還是考不好，也不要想著「反正都考不好，乾脆放棄了」，應該反過來想，「這麼努力都考不好了，如果放棄了一定更糟糕。」

國文和英文靠平時累積的實力

加歆高中時成績最好的科目是國文和英文，而這兩個科目都無法速成，一定要靠平時累積的實力。

對於國文、英文、史地這些需要記憶背誦的科目，她認為不必強迫自己將課程內容立刻記起來，而且即使當下背起來了，一旦考試時緊張，很容易就忘記。比較好的方式就是多看幾遍，在提前預習上課內容時看第一遍，等到老師上課時再看一遍，回家複習時看第三遍，考試前再看一遍，如此看過四遍之後，印象會非常深刻，而且以後也不容易忘記。

作文是想出來的

加歆的字跡非常工整，這要歸功於她在高中教國文的媽媽，長期訓練下來的成果。她說小時候媽媽會盯著她寫作業，如果寫得不好，就會把字擦掉要她重寫。這樣的教養方式，反應在加歆認真的學習態度上，從不馬虎，敷衍了事。

受到媽媽影響，從小她就熟讀古文和詩詞，長大後接觸現代文學，即使她的文學底子不錯，對於國文作文，她還是下過一番功夫。

通常文科考試不會只考課本內容，尤其是國文和英文，一定要廣泛涉獵相關課外書籍。因此，她會將「閱讀課外書」安排進平日的讀書計畫之中，每天大約花半個小時閱讀名家散文，特別是那些國文課本裡出現的作家，像是張曉風女士、余光中先生的作品，她會一邊讀一邊將精采的語句用紅筆畫

線，或將這些佳句名言抄寫下來，轉化成自己寫作時的養分。

除此之外，加歆還非常認真地閱讀《商業週刊》、以及報紙上的社論文章，做成完整的剪報，對她在寫作上很有幫助。她說，國文最難的部分是要無中生有地寫出自己想法，因此一定要靠平日多閱讀多思考，寫出來的文章才會和別人不一樣，因而引起閱卷老師的注意和共鳴。

她說寫國文作文一定要有自己的想法，架構要掌握好，字數和時間也要注意，而這些在平日寫作文時就要慢慢訓練。

英文單字多看幾遍

加歆每天從家裡到學校，必須坐車大約一個小時，因此她會善用這段通勤時間，利用英語雜誌附錄的單字卡背單字，每天平約能背上十個單字和片語。

加歆的爸爸曾和她說過一句話：「數學不離手，英文不離口。」所以她在背單字時，會要求自己一邊看一邊念出聲來，並且反覆看很多遍，例如第一次看完後，第二次就把中文解釋的部分遮起來默背英文單字，第三次再看時把英文單字遮起來想中文解釋，這樣記憶單字的效果也比較好。

加歆說，其實高中英文沒有很難，她也沒有補習過英文，靠的是平日多閱讀文章來增進英文實力。

高中時，學校統一訂閱《常春藤英語》雜誌給同學們閱讀，老師也會在課堂上定期考試，平常她自己也會抽空閱讀英文小說，一旦文章看得越多，單字和文法也會學得越多。

英文作文要多寫

加歆說，想要提升英文作文能力，靠的就是要多寫。她在閱讀英文文章時，會從文章當中找出不錯的句子，仿照其中的句型，自己造句練習。

高三時，她和班上幾位同學合組了英文讀書會，大家會輪流讀英文文章做報告，增加對英文的熟悉感。此外，她們也約定每週交三篇英文作文，題目就從往年指考學測的考古題當中尋找，寫完之後互相批改，或請老師幫忙修改。

在寫學測英文作文時，不妨分成兩段或三段，多用片語，文法不要出錯，然後加幾句比較有程度的單字和片語，往往就能得到不錯的分數。英文作文和國文作文不同，講求的是架構完整、文句出色以及文法不出錯，如果英文程度不夠好的同學，就不需要特別在作文當中加入太多修飾，否則會弄巧成拙。

自己整理歷史筆記

多數高中生在念歷史時習慣直接閱讀參考書，因為參考書會把課本的內容詳細整理好，閱讀起來很方便。不過，加歆建議同學們還是要多念課本，上課時她也會將老師補充的內容直接寫在課本上，在重點上畫線、圈關鍵字，標示出重點程度，把課本內容整理成適合自己閱讀的複習教材。

「我不大會另外整理筆記，都是直接整理在課本上比較多，除非是比較複雜的內容，我才會把它獨立出來做成完整

一點的筆記。」

　　她會把一些比較複雜的內容記在這本筆記上，例如第二次大戰時期各國關係，概略地將較大的事件寫出來，接著分支下去寫當時的狀況以及對於後來的影響，一層一層分析。靠自己整理資料，印象會比較深刻，理解也比較透徹。

　　她的歷史筆記不會完全都是文字，像是寫到政府權力上升的狀況，她就會直接畫上升的箭頭取代文字。

把圖畫好就能讀好地理

　　「把地圖畫好就能讀好地理。」加歆說。她認為在念地理時圖表很重要，單是看文字很難了解每個地區的特色與關聯性，透過圖表，可以了解一個城市的地形環境、氣候、自然景觀，坐落在地球上哪一個位置，這個位置受到東南季風影響，會有什麼樣的氣候，於是植物生長情形會是什麼樣子……如果自己能親手畫出地圖和圖表的話，對於地理這門科目會更有概念。

社會科要對應時事

　　加歆在準備社會科時，除了熟讀課本、多做考古題之外，也會閱讀聯合報「新聞中的公民與社會」，結合時事補充資料，對學測很有幫助。

數學靠自己解題

加歆最不擅長的科目就是數學，一路以來學得很辛苦，但她仍舊會安排時間念數學，讓自己的數學成績維持在一定的水準。「數學有算就會好。」加歆說。

數學老師總是會提醒大家，多做題目數學就會變好，但同學們仍然常常用「背」的方式來念數學，一直到學測前兩個月她才真正領悟念數學的訣竅，除了多做題目外，先不要看解答，而是自己實際算出答案來。

她說學測的數學考試都是從數學觀念延伸出來的，因此絕對不要去背題目，要能真的理解觀念，以觀念來作答。

當老師上課教了一個數學觀念之後，自己可以去找一些題目來做，不要一開始就看答案，每一題都要自己思考過，就算寫錯了也沒有關係，訂正時知道錯誤在哪裡就好。

透過這樣的演練，加歆在學測中考出了不錯的分數。這套學習數學的方式，一直到她上了大學還是非常有用，第一次微積分考試她就考了九十分，讓她對於自己的數學能力更有信心了。

高三才準備自然科也能衝上十四級分

念第一類組的加歆，一直到高三才開始苦讀自然科，由於時間緊迫，她直接念內容已經整理好的參考書，並且多做考古題，她把十年內的學測自然科考古題都做了一遍，結果學測自然科拿到十四級分。

高三生考前準備

提早收心準備考試

加歆說，高二升高三的暑假是最重要的時期，要能及早收心準備學測考試。提早時間準備，時間上比較充裕，心情上也比較輕鬆，讀書更有效率。

學姊的經驗是信心來源

「看著學姊考上理想的校系，自己也會想跟進。」加歆說。

已經考上台大的北一女優秀學姊，一直是加歆仿效學習的對象。有次她因模擬考沒有考好而感到沮喪，但學姊以自身經驗告訴她，通常學校模擬考分數是學測分數打八折，不必太過憂心。除此之外，學姊也會提供自己準備考試的心得，給她參考。在準備考試過程中，家人的支持和學姊的鼓勵是她持續努力的信心來源。

班上的讀書氣氛很重要

加歆高三的班導師是一位嚴格的數學老師，她幫助同學們把心思放在學業上，因此班上讀書氣氛穩定，她認為這點很重要，同儕的力量可以督促自己在準備學測上更有前進的動力。

維持充足的睡眠和運動

在準備考試的過程中，最重要的是充沛的精神，需要運動，以及充足的睡眠。

高三時，加歆每個週末都會和父母親去爬山，晚自習結束之後也會跑操場三圈，紓解一下緊張的考試壓力。

用精神標語幫自己打氣

　　喜歡畫畫的加歆，平常會在便利貼上寫下一些勉勵自己的格言，加上可愛的小插畫，貼在隨處可見的地方，像是書桌上和牆上，不時為自己加油打氣。

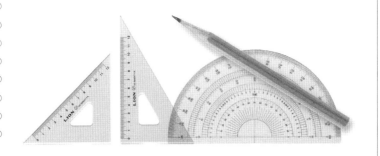

甄試小提醒

備審資料準備齊全

加歆在準備推薦甄試的備審資料時，花了將近兩個月才完成，而且前後還修改了近十次。這些資料整理得非常齊全、字跡工整，包括檢定經驗、教師推薦、個性特質、學校社團經驗、美術作品等等，內容非常充實。

她認為在備審資料當中，應該盡量讓教授們知道為什麼自己適合讀這個科系？以及能為這個科系做些什麼？以她的個人經驗來說，她在北一女擔任樂隊隊長管理的經驗，就對於她申請商管類科系有加分作用。

同學之間互相演練

在準備備審資料時，加歆會與同學互相討論，並以學姊們提供的面試考古題一起演練，大家對於彼此的服裝儀容、表達方式、應答內容是否合宜也會提出意見，做好面試的萬全準備。

多閱讀科系相關時事、練習英文口說

高中時加歆下定決心一定要考上台大，因此得到台大五個科系面試的機會時，她每一個都去試。

她說每個科系面試的情況都不太一樣，有些教授會希望學生對於該科系的專業有比較深入的了解與看法。因此，她會試想教授可能會問的問題，從報章雜誌中了解最近比較熱門且與該科系相關的話題，像是 ECFA 以及陸客來台等公眾議題，這些她面試期間的熱門新聞，就是準備重點。

除此之外，台大管理學院也會以英文面試，因此她和爸爸在運動時一起練習英文口說，增強這方面的實力。

宋佶翰

台大財務金融系
台中一中
學測七十四級分，甄試上台大財金系、國企系、經濟系

　　宋佶翰是一位對什麼事情都很有想法，也很有計畫的學生。自從下定決心要進入台大管理學院，他就一步步努力前進，鞭策自己實現這個夢想。

　　佶翰高中一年級入學時就讀的是生物實驗班，會選擇第三類組，主要和學測有關。「因為學測要考自然科，自然科靠自己讀比較不容易考好。」他說。

　　升上高三時，他決定轉到第一類組，在這段過程中他和媽媽產生了嚴重的意見分歧，佶翰的媽媽很希望他能念醫學院，成為收入穩定的醫生。但一向很有主見的佶翰，希望將來能從事和商業有關的工作。

　　他從高中開始就閱讀《商業週刊》，覺得「判斷一個人透過怎樣的決策模式使其發揮最大效用，是一件非常有趣的事情。」雖然他也喜歡觀察自然界的生態變化，但是那些肉眼看不見的細胞、分子實在無法吸引他，他不喜歡需要平空想像，比較喜歡眼見為憑的事物，因此最後還是成功說服了媽媽，毅然決然地轉到第一類組。

大量地演練題型是創造高分的關鍵

當問起佶翰，他在學測能有如此亮眼表現的關鍵是什麼？他的眼神充滿著分享的熱情，「就是大量地演練題目。」他說自己非常勤於演練各種題型，在地理科部分，他至少就做過六套不同參考書題型，三本以上歷史參考書，如此一來，同一個觀念、同一個重點可以編寫出來的題型，幾乎都讓他一網打盡了。透過大量做題目，也培養出他對題目的敏感度。

平時鍛鍊的結果，使得佶翰一上考場就充滿信心，而且到最後，面對各種考試，他幾乎「看前半段題目，就知道重點是什麼了。」

一邊看題目一邊圈出重點

佶翰說，考試之前即使準備得再充足，也要避免馬前失蹄，尤其是考題一定要看清楚再寫答案，因為有些題目可能一開始很眼熟、是以前寫過的，但看到最後發現問法是不一樣的。例如演練時的題目問的是「哪些是？」，但考試時的題目問的是「哪些不是？」，如果沒有把題目看清楚，就會冤枉失分。

佶翰看考題時會用筆在題目上邊看邊圈出重點，找出關鍵字，以免看錯問題的要點。文科考題通常有一段敘述內容，而如果考試時把這些敘述內容理解錯了，即使觀念是會的，答題也會答錯。

靠著補習提升英文程度

高中時佶翰每一個科目都補習過，而在補習當中，也提升了不少英文程度。當時他從最基本的單字、文法、句型開始鍛鍊實力，一開始連寫題目都會慌，但是當基本能力累積久了之後，學習成果自然而然就表現在英文成績上，因此也就越念越有信心了。

「對於文科，該背的東西就要認命背。」佶翰笑說。

他背英文單字的方法很特別，是從直接做題目的過程中背單字。他會把做錯的題目標註起來再去查單字，由於自己寫錯過所以印象很深刻，這樣單字也會記得比較牢。

英文作文不要用太艱深的句子

佶翰對於英文寫作努力下過一番功夫，他認為英文作文要拿到分數不難，最重要的原則就是不要寫錯字、用錯句型，如果一篇英文作文都沒有這些錯誤，那麼基本分數就有了。他提醒同學們，除非英文程度真的很好，否則千萬不要為了展現自己英文程度而故意使用艱深的句子，很容易在考試時弄巧成拙。

讀歷史要知道每個事件相互的關聯

佶翰讀歷史和地理的方法是，先從頭到尾很仔細地讀過課文一遍之後，再開始做題目，往後就是以做題目為主。

他說，其實史地不一定只能靠死背，可以從每一個獨立的單元中找到相互關聯性，在考試時透過連結的方法一一將結果推演出來，這樣比起強迫自己死背強記，考試時卻因一時緊張而忘掉來得有用。

像是歷史可以做連結表，從一個事件出發，例如法國大革命，連結到為什麼會發生這件事情？它造成了什麼結果？對於後世有什麼影響？做好了這個連結表之後，就可以串連起許多課本上的內容，方便記憶。

國文勤讀課本，平時多看課外讀物

佶翰認為，準備學測和指考時，國文課本當中的內容加上老師上課時所補充的資料，再加上教育部公布的古文範圍是最基本的，至於看參考書的作用，是在於幫助自己統整並補充一些課本遺漏的部分。在作文方面，佶翰平時就會廣泛涉獵一些課外讀物，幫助自己熟悉各種文章結構，並且吸收名家的思想精華，因此實際寫國文作文時，要將一個主題說明清楚並不困難。但他沒有特別去背誦一些名言佳句或比較艱深的詞彙，由於作文在考試中的重點是要結構清楚沒有錯字，佳句以及修辭是加分效果，不過若是沒有顧好基本去追求文采優美反而可能會顯得本末倒置。

寫國文作文要有完整架構

佶翰學測國文作文成績是三十九分，算是很不錯的分

數。他認為國文長篇作文大約需要寫六百個字，不妨分成四段，起承轉合，不一定要使用優美或有深度的辭藻，但一定要有內容，並且要把想法清楚說明。如果國文程度夠好的同學，可以提出自己的觀點，但如果沒有把握的話，就不要寫一些特立獨行的想法，平添考試風險。

最好不要擁有太多令自己分心的科技產品

由於科技發達，市面上協助學習的電子產品也越來越多，像是電子字典、筆記型電腦、iPad、智慧型手機……等等，都可以靈活地運用在輔助學習上。雖然有人認為要翻閱又厚又重的英文字典，單字才會記得更牢，但佶翰覺得其實並沒有差很多，他多半使用電子字典來查詢英文單字。

至於上網，他說讀書之前一定會把電腦關機。「拿起手機就是分心的開始。」佶翰笑著說。他很了解自己以及大多數學生的弱點，一旦上網，常常就會抵擋不了誘惑，忍不住連上社群網站、玩遊戲……因此，佶翰建議正準備學測指考的同學們不妨放棄智慧型手機，使用功能陽春一點的手機，平常能打電話、收發簡訊就好。

做筆記的原則是要自己願意再看一遍

提到做筆記，情況因人而異。佶翰說，「做了筆記之後，自己真的會再看一遍，才是最重要的。」佶翰很重視筆記的字跡工整、段落清楚分明，他說：「如果筆記做得很亂，你

還會想再看一遍嗎？當然要寫得好看一點。」如果字跡潦草、版面零亂，看不懂自己到底寫了些什麼，以後再拿出來複習，閱讀起來就會很吃力，做筆記這件事也就變得徒勞無功了。

佶翰做筆記的方法是，直接將上課時聽到的重點寫在課本空白的地方，而不是另外記錄在筆記本上，這樣一來，下次翻開課本的時候，一定也會用心去讀那些筆記內容。而這些重點都是前後串連、有條理的句子，說穿了，就是他理解課程內容的思考過程，是專屬於他自己的心得報告。

許多同學喜歡將重點寫在便利貼上，再貼在書本上，他覺得這個方法不是很好，一來便利貼會掉落、二來它會讓整本書看起來就像是「到處補釘」一樣，引起閱讀時的排斥感。

除此之外，他認為做筆記有個好處，就是自己親手寫過一遍內容，可以幫助記憶。

訂正考卷，找出錯誤

佶翰大多數的筆記都是直接寫在課本空白處，以便閱讀，但是數理科目，他就會另外整理成一本「訂正錯誤筆記」。

數理科目重在理解，不是記憶，記錄自己的理解過程，有助於往後複習。

在每次小考大考之後，他都會訂正考卷，在訂正考卷時，他還會想清楚三項要點，提醒自己下次考試時不要再犯同樣的錯誤。

第一、「我當初是怎麼想的？」

第二、「這個題目應該怎麼想才對？」

第三、「我為什麼會想錯？」

除了考試寫錯的題目之外，平時複習數理科目時，如果有發現比較困難的題目，他也會記錄在這本「錯誤訂正筆記本」當中，避免成為下次考試的絆腳石。

有效執行讀書計畫

佶翰擁有金牛座追求實際的特質：任何讀書方式都要以自己實際上能做到、有效為原則，這種精神展現在他的讀書計畫上更為明顯。

許多同學都會為自己設定讀書計畫，但是一開始求好心切、或是過於心急，訂立的計畫往往過於嚴苛，結果執行不到一週，就感覺疲憊、產生挫敗感，很快就放棄了。

佶翰認為，「了解自己」是在設定讀書計畫時相當重要的事情。在高一到高二這段期間，他的讀書時間是每天念書四到五個小時，每個小時休息十分鐘。當然，有時候他也會偷懶，一離開書桌就拖延時間不想回去念書，去看個電視、上網，但一定會另外找時間補回讀書進度。

到了高三時，為了衝刺學測，他增加了假日的讀書時間，平均每天讀書十個小時，還曾經一天有十五個小時都在埋首苦讀。

人不是機器，不可能像電腦一樣，可以二十四小時精確地執行任務，佶翰也有讀書感到很煩很挫敗的時候，這時他會出去外面走走，調整一下心情。天性樂觀的他，即使面臨沉重的考試壓力，也會告訴自己要放輕鬆，不要時時刻刻處

在神經緊繃的狀態下，更不要對於小考、期中考、模擬考抱持著要求完美的標準，因為那些都只是過程而已。雖然努力讀書是必要的，必須適時給自己一點壓力才行，但是更需要給自己加油打氣，有時候遇到瓶頸，他還會安慰自己「我不會的，別人也不會」，如果讀書精神和情緒不佳，他寧可先做點別的事情再回來讀書，而不要一直坐在書桌前「神遊」。

他認為，要把讀書時間和休息時間清楚地分開，休息時不要有罪惡感，只要心裡知道要把進度追回來就好了；讀書時也不要想著別的事情，把該處理的事情都處理好，專心一志地念書，才能提升讀書效率。

好的讀書計畫需要時間循序漸進調整

一開始，佶翰為自己設定了高標準的讀書計畫表，也曾因追不上進度而感覺挫敗，但他沒有就此放棄，後來逐漸調整到適合自己又能達到目標的進度，在執行時更為得心應手。

他建議考生們，一開始設定讀書計畫可以把標準設高一點，例如讀書時間拉長、內容範圍增加，大約以一週為試驗期，在這一週當中，能做到的和不能做到的地方，都要忠實記錄下來，最好還能找出自己不能做到的原因是什麼。一週之後，再根據這些紀錄做調整，看是否要減少讀書時間、縮小內容範圍，繼續試驗一週。一直調整到讀書計畫百分之九十以上都能執行，就是適合自己的讀書計畫。

剩下百分之十無法執行的部分，可以利用週末的時間補回來。因此，讀書計畫中一定要安排「補足本週進度」的時間。

從佶翰的讀書計畫中，大家不難發現，一開始的「可行性」、後來的「嘗試修正微調」，以及「緊緊抓住進度」，就是擬定讀書計畫的重點。

和老師建立良好的關係

對佶翰來說，老師是學生生活中最珍貴的資源之一，高中三年，他和師長保持了良好的關係，尤其地理老師不但是他的良師，也是他的益友。

學生在學習上最重要的就是老師，而每天和學生相處時間最久的也是老師，如果讀書過程中遇到困難，或是生活中有難解的問題，最好的諮詢對象就是師長，他們往往也能以自身經驗幫助同學度過學習難關。

如果在課堂上與老師保持良好的互動，就可以透過不斷詢問的過程，獲得知識上更多的理解。

相信所有老師的心聲都是：不怕你不問，只怕你沒在聽。但台灣學生多半害羞、不敢發問，或者是害怕自己提出的問題很瞎，會被其他同學嘲笑，終究是入寶山卻空手而回。

佶翰說，如果不懂還裝懂，那是學習上最大的損失。因此，他在課堂上若有問題，一定會馬上舉手提問，就算課堂上不便打擾老師進度而發問，下課後他也會繼續請教老師，一定要問個明白。

老師除了解決課堂上的問題之外，也很願意解決學生讀書過程中的難題，因此，每當他在讀書過程中感受到挫折，遇到瓶頸時，就會去找老師聊一聊。

高三生如何準備考試？

高三考生的三大禁忌

1. 避免熬夜念書

熬夜念書，應該是每個學生都不陌生的經驗，尤其到了高三準備學測指考之前，許多考生都會擔心書念不完，經常挑燈夜戰，但估翰說，這是高三生的第一大禁忌。

他自己從高一開始，無論平時或考試前，都維持每天最晚十二點之前就寢的習慣，即使有念不完的地方，也會暫時擱在一邊。他認為充足的睡眠和保持充沛的精神很重要，他常常告訴學弟妹們，學測是在早上考試，而不是三更半夜，如果習慣長期熬夜的人，在夜晚精神抖擻、白天卻精神不濟的狀態下去應考，那無疑是以最糟糕的情況上戰場，就算有充足的準備，臨場發揮不出該有的實力，之前的努力也很容易前功盡棄了！

他也提醒考生們，考前一定要找時間去看考場，掌握考試當下的環境很重要。舉例來說，如果考場的桌面坑坑洞洞也會影響答題，如果事先看過考場，當天就可以準備一塊透明墊板去應考。

2. 不能生重病

估翰的母親一直是他在求學路上的最佳戰友，每天都接送他上下學，以節省他往返學校與家裡的時間，多一點時間專心念書。此外，她也時常燉中藥和人參給估翰吃，對提振他念書時的精神和體力有很大幫助。

估翰認為高三生維持健康，就和努力讀書一樣重要，因此考生第二大禁忌就是：不能生重病。

準備考試是一場長期抗戰，需要持久的體力與耐力，沒有健康的身體就沒有清醒的頭腦，更別說把書讀好；若不幸在中途生了重病，那就什麼都談不上了。

　　因此，考生在日常生活一定要謹守正常作息和飲食習慣、盡量保持心情愉快，努力將體力和腦力維持在最佳狀態，才能打贏學測指考這一仗。

3. 不要談戀愛

　　正值青春期的高中生，最常見的就是愛玩、心不定。其實每個青春期的男生都是一樣的，愛玩、愛瘋、想要追求美麗的女生，但是對於佶翰來說，因為心裡立定了「一定要考上台大」的堅定目標，所以他選擇克制自己，不要胡思亂想。他也見過學校裡成績很好的同學，因為談戀愛，大大地影響課業，於是以此為借鏡，告訴自己來日方長，只要考上台大，玩樂和戀愛也就不遠了。後來如願考上台大財金系之後，他果真大大地放鬆，到了大二才重拾高中時努力唸書的心情。

　　不過，高中生畢竟還是很容易心浮氣躁，難以定下心來，想要約束自己，一定要把身邊容易影響自己讀書心情的因素排除，相信忍受一時玩樂的衝動，換來更美好的前程，絕對是值得的。

甄試小提醒

面試要提出自己的觀點

通過學測考驗之後，台大管理學院還要經過面試這關。佶翰回想起當初面試時，教授提出了一個問題：「如果有兩個投資選擇，一個是穩賺五十元，一個是賺一百元和全賠百分之五十的機率，你要作何選擇？」他的答案是後者。

他說這個問題並沒有什麼標準答案，而他的觀點是，既然要投資，如果做好審慎評估就值得放手一搏，否則只是白忙一場。

在面試時，提出自己的觀點很重要，以他所申請的台大財金系為例，面試前最好閱讀一些和財金相關的新聞或雜誌，讓自己腦袋裡有一些基本概念，並且整合出一套自己的想法，那麼面試時才能言之有物，加深自己在教授心目中的印象分數。

學測指考
大補帖

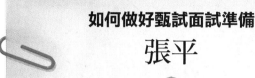

如何做好甄試面試準備

張平

台大國際企業系
甄選上台大國企系、台大政治系國際關係組、
台大社會系

就讀台大國際企業系、學測考七十級分的張平,在高雄女中三年期間的成績表現得十分優異,幾乎每次段考都名列全班前三名。除此之外,她也熱中於社團活動,是學校的天文社社長,領導管理能力相當不錯,而這也是她後來選擇就讀國企系的主要原因。

她和大多數同學一樣,希望一次就能以學測考上大學,因此學測成績達到標準後,她同時參加了台大國企系、台大政治系國際關係組,以及台大社會系的甄選面試,結果全部都順利通過。

高三一整年都在思考面試相關問題

當張平決定以台大國企系為目標後,就開始勤讀《天下》以及《商業週刊》等商業類雜誌,她也經常利用課餘時間,反覆思索自己念這個科系的動機。她說,選系動機很重要,如果沒有懷抱堅定的志向去面試的話,會對自己產生懷

疑，也可能在第一時間就被教授給問倒了！所以，她經常想著這些面試時可能會碰到的問題：我為什麼要選這個系？與我個人志向以及發展有什麼關係？

先了解科系再準備備審資料

張平說，準備備審資料之前，一定要去看想要申請的科系官網，了解該系的成立宗旨是什麼？想要培養什麼樣的人才？然後把自己的學經歷根據科系需求，一個一個套進去。

張平高三開學後，花了兩個星期時間準備備審資料，這對她而言並不難，「主要是因為高中時參加國科會舉辦的『人文與社會科學』夏令營，以及其他活動時，每次都寫過個人經歷資料。」於是，她便將這些不同時期的個人資料整理成備審資料。

她認為高中三年的課外活動和社團經歷很重要，是備審資料的重點，還有就是要提出一些經歷，才可以在面試時與教授互動。「所以，只關心念書考試的學生，在申請管理學院時會比較吃虧。」她說，即使是參加一個小小的活動，內心一定會有感動有心得，那麼在面對教授詢問時，就能侃侃而談。

從上台報告累積臨場反應

一般同學面試時很容易緊張，甚至還在支支吾吾當中，面試時間就已經結束。張平回想起自己當時面試的情形說，

北部的學生似乎比較不容易怯場，一上台就能滔滔不絕，但其實這種能力也是可以從在學校上台報告當中訓練的。她提醒同學們：「平常在學校有上台報告的機會，就要好好把握。」

她的班導師很重視上台報告這件事，會訓練同學們在五分鐘之內報告的能力，而且最好是鈴響當下，就能說出「謝謝大家，報告完畢。」

面試之前的準備

張平說班上參加學測面試的同學比較少，但其他班級像是第三類組的同學，會組成一個模擬面試小組。而學校也多會提供學生準備甄試的資源，例如每年會製作一本往年學姊們甄試的心得，可以去輔導室借來看，有不懂的地方還可以打電話問學姊。如果認識就讀該科系的學姊更好，可以直接向學姊打聽系上的情形，以及可能面試的教授喜歡什麼樣的學生。

另外，學校也會為想考商管學院的學生，安排教官模擬面試，每人有兩次機會，一次十分鐘，教官會根據歷屆面試考古題來提問。

各系面試經驗談

台大國企系

在面試之前，張平聽說台大管理學院面試時最好穿著正

式一點,因此她便穿著套裝應試,但到了考場之後才發現,其實許多同學穿著都很簡單,她說,服裝儀容不是重點,整齊清潔就好。

台大每個科系面試的流程不盡相同,以台大國企系為例,分為三個關卡,每一關有兩位教授,時間約五分鐘。第一關是英文,教授會發一篇英文文章,請學生翻譯出來,內容不會太難,但最後還要為這篇文章下一個標題,並解釋內文的重點。她記得當時拿到的文章,主題是「科技業以全球化分工合作模式,共同研發產品」。她建議比較擔心英文關的同學面試前可以密集閱讀《Advance》雜誌,而且一定要規定自己在一分鐘內看完,然後蓋起內容在腦海裡整理重點。

第二關教授會要求學生估算一些數字,當時她的考題是:「如果台中要蓋捷運,妳要如何算出一天會有多少流量?」她說面對這樣的問題,不一定要說出正確的答案,但要懂得靈活思考,捷運流量與哪些使用捷運群有關?以及扣除公車族的通車族群有多少?當時她以高雄捷運經驗來思考這個問題,並提出具體說明。

第三關教授會以學生的自傳提問,當時教授看到她的自傳中寫滿了豐富的社團管理經驗,便問她:「如果妳今天是一個組長,而妳的組裡有一個人能力很強但是不做事,妳會怎麼做呢?」

她說,其實這也是她高中擔任天文社社長時,曾經遭遇過的問題,因此應答一點也不困難。

台大社會系

　　台大社會系的面試會有三位教授，每一位教授面試十分鐘。她記得當時面試題之一是：「現在的教育資源分配是否公平？如果妳覺得不公平，要如何改變它？」她說這個問題沒有標準答案，可以說公平也可以說不公平，但一定要能說出一番道理。

　　另一位教授則是提出一篇有關監視錄影器的評論文章，問作者的看法是什麼？她的看法又是什麼？主要希望學生針對「侵犯隱私」與「裝設監視器」兩者衝突，說出自己的看法，「這個題目也沒有標準答案，主要是看學生的邏輯和組織能力。」她說。

台大政治系

　　台大政治系國際關係組比較特別的是，會先考筆試再口試，兩者所佔分數比例相同。通常第一天早上會先筆試，下午接著口試，但因為人數多，口試時間可能安排到第二天。

　　她記得教授有問到活路外交、ECFA 利弊等相關時事，像是「活路外交是什麼？妳覺得這樣有用嗎？」

　　另一個問題則是根據她的自傳提問。在自傳當中，她說自己的 EQ 很高，因此教授便問她：「假設妳是國家的游泳代表隊其中一員，去參加國際游泳比賽，結果妳的國旗拿出來就被大陸搶走，妳會生氣嗎？」

　　她回答，自己會多準備幾面國旗在口袋，對方拿走了，她再拿出另一面，她的回答令教授不禁莞爾一笑。

把目標訂高一點

　　張平說，其實面試時，教授主要是想知道學生是否了解這個科系以及未來所學，因此比較少問一些專業艱深的問題，同學只要能夠好好表達出自己的想法就可以過關。

　　她記得高一第一天開學，她的班導師曾鼓勵全班同學：「取法乎上，僅得乎中。」她把這句話當作準備學測的座右銘，相信只要把目標訂得高一點，全力向前衝刺，就算結果不如預期，至少也不會相差太遠。

如何寫好國文作文
王茲筠

台大經濟系

目前就讀台大經濟系的王茲筠,指考作文考三十六分(滿分四十五分),其中短篇作文就拿了十四分,僅次於全國最高分的十五分。茲筠在國中時參加過不少作文比賽,成績斐然,上了大學之後,她也開始擔任國文科的家教。

在學測國文非選擇題中,作文就佔了一半分數,因此十分重要。茲筠說想要在學測指考作文中拿到高分,其實沒有想像中的難,她也將自己的經驗,大方分享給考生們參考。

寫好國文作文的方法

多閱讀是累積作文實力的基礎

茲筠的媽媽是一位高中國文老師,從小便培養她閱讀的習慣,為她的國文能力奠定了良好的基礎。她在高中時期廣泛涉獵現代文學,其中張愛玲的小說是她相當喜愛的作品,而被詩人余光中譽為「新世紀散文家代表」的鍾怡雯,更是她最推崇的作家!她說,從鍾怡雯的散文作品當中可以學到

精緻的修辭技巧，以及獨樹一格的比喻法，像她最喜愛的一段文字是「睡眠是個舒服的繭，躲進去可以暫時離開黏身的現實，在夢工廠修復被現實利刃劃開的傷口。」

茲筠認為訓練國文寫作能力，多讀多寫很重要，她在閱讀時會特別將一些名言佳句寫下來，也經常閱讀一些文學獎作品，例如林榮三文學獎首獎作品，從中學習得獎者寫作的優點，提升自己的寫作實力。

從基礎開始練習

茲筠在國文作文上表現亮眼，其實是下過一番功夫的。一開始，她從一個簡單的句子來練習「擴大寫作」，思考在這個句子裡，加入哪些文字能讓它看起來更出色、內容更完整。此外，她也利用圖像鍛鍊自己的觀察能力，例如看到一張人像圖，試著用文字把它描述出來，甚至想像成一個故事。

她平時不看作文範本，「因為那會影響自己想的東西。」通常她會自己寫完後再看同學怎麼寫，比較一下彼此的優缺點。

茲筠說，高三時學校老師規定每週必須寫一到兩篇作文，而她自己私底下也會藉由寫網誌來鍛鍊文筆、抒發心情，就算現在有了方便的 Facebook，還是有在經營原本的小天地。她認為寫網誌是很不錯的練筆方式，比較沒有壓力，能夠好好發揮自己的想像力與寫作力。

作文要有氣勢

茲筠認為台灣學生的國文作文寫得比較平實，而為了鍛鍊自己的文章氣勢，她會從網路上搜尋大陸各省的高考滿分

作文，做為觀摩學習的對象。

「大陸學生很喜歡使用排比，幾個句子重複疊下來，看起來就是很有氣勢的文章。」她說，這些文章雖然看來有些匠氣，還是相當值得參考。

她舉例說明，像是以「青春」為主題的文章，如果第一段接連使用三句以「青春」兩個字為開頭的排比，便能緊緊抓住閱卷老師的目光。

各種文體都要練習

茲筠比較擅長的是抒情文和記敘文，較不擅長寫論說文，但是為了應付考試，每一種文體她都努力嘗試練習。她認為寫抒情文或記敘文，如果能帶進一些故事，會讓文章看起來可讀性更高；而在寫論說文時，舉出事例很重要，可以用來印證自己的論點。她在學測考前就買了三本《事例大觀》，每天睡前念個兩、三則，來加強自己寫論說文的能力。

作文結構很重要

茲筠的媽媽認為她在寫作上最大的優點是結構完整、內容扎實，她很重視文章架構完整，一開始遵循「起承轉合」的方式寫作文，後來覺得過於拘泥，寫出來的文章不夠靈活，因此做了一些調整。

而茲筠認為自己最大的優勢是懂得閱卷老師希望看到什麼樣作文的心理。除了文章結構與內容之外，文章修辭華麗，也能令閱卷老師在眾多文章中眼睛一亮。同時，為了讓作文看起來具有水準，寫作時不要只使用逗號和句號，可以適時

加入分號，或是有轉折時加入破折號。

「作文最後一段一定要呼應第一段。」她強調使用前後文呼應的技巧，會讓文章結構看起來更完整。

在字數方面，如果考試作文有字數限制，例如六百個字，她就會多寫一點，大約寫到六百五十個字左右，通常會分為五段；如果沒有字數限制，也不需要寫得太長，大約六百個字就可以，言之有物才是最重要的。

現在擔任國文家教的她，教學生的作文方法就是找出往年學測指考的作文題目，請學生圈出關鍵字，再想想看有哪些字彙可以與這些關鍵字連結，並說出自己對於這些文章的想法。

她覺得學生其實都很有自己的想法，一開始要學的，便是將這些想法寫成結構完整的文章，接著再以豐富精采的修辭，讓文章更出色。

考試時先看作文題目

茲筠說考試時拿到考卷一定要先看作文題目，再開始寫測驗題，一邊寫測驗題時就可以一邊構思文章內容。測驗題寫完，要開始寫作文前，會先擬好各段段旨，加入想到的素材，才會動筆。

保持試卷整潔

茲筠對於寫作工具很講究，一定要用 0.38 的原子筆才寫得順手，而且會用立可帶取代立可白，這樣版面看起來比較清爽，也不會發生塗改以後，為了等立可白乾而忘記補字的窘境。此外，字跡一定要工整，寫完從頭到尾再檢查一遍。

CHAPTER
TWO

台大生不藏私
筆記術

想知道台大生如何做筆記嗎？
他們的筆記內容有什麼特色？
獨家公開台大生的筆記私房術！

NTU
SPECIAL
TRAINING
COURSE

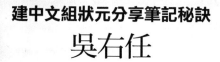

建中文組狀元分享筆記秘訣
吳右任

台大財務金融學系、政治系政治理論組雙主修
建國中學

用筆記理解物理化學

目前就讀於台大財金系的吳右任，畢業於建國中學，是建中該屆唯一社會組滿級分的同學。當同學還在準備指考時，他四月就收到台大財金系的申請入學錄取通知。由於當年學測文組狀元極少，他還被選為進入闈場的考生，與北一女狀元、台大醫科同學，一起測試該屆指考試題。

此外，建中學弟也經常邀請他回去演講，請他分享社會組學生如何將困難的物理化學念好的經驗。

吳右任說：「要訣就在做筆記。筆記不僅可以幫助記憶，好的筆記更可以讓你快速理解！」

Chapter 5. 地質圖 & 台灣地史

一、臺灣地質分布

　1、金馬地區：大陸板塊，隆升後出露花岡岩

　2、澎湖：多屬玄武岩

　3、海岸平原區：大陸邊緣向東南傾斜，加深，故
　　　　　　　北部薄南部厚且細粒

　4、西部山麓：砂岩、頁岩和少量石灰岩

　5、雪山：板岩　板岩變質岩

　6、中央山脈：西側多板岩、千枚岩、變質砂岩；東側
　　　　　　　由片麻岩、片岩、大理岩構成

　7、花東縱谷：沖積物

　8、海岸山脈：石砂岩、頁岩和少量石灰岩構成之混殺層

二、火成岩分布

　1、金馬花岡：中生代以前

　2、新生代中新世火成活動形成澎湖玄武、
　　　　海岸山脈和綠島、蘭嶼之安山岩

　3、新生代：大屯火山、基隆火山、東北部外島(龜山島)
　　　　　　三安山岩及碎屑岩

　＊參圖，火成岩分布在：2、8
　　　　沉積岩：3、4、7
　　　　變質岩：5、左右6
　　　　　　(雪山、中央)
　　　變質程度：右6>7，左6>5

　　　　　　　　　　　　　　　　　　　　左6
　　　　　　　　　　　　　　4 5　　　右6
　　　　　　　　　　　　　　　　　　7
　　　　　　　　　　　2 3　　　　8

PERFECTION

● 右任的筆記，用不同顏色的筆區分重點。

相信社會組學生也能念好物理化學

　　自然科諸如物理化學、生物地科，無疑是社會組學生心中的痛。每年自然組學生動輒數十人滿級分，而社會組滿級分人數卻屈指可數。

　　吳右任說：「學測的自然科考基本觀念，因此社會組學生沒道理不能理解！」當時，他知道自己想要申請心目中的第一志願「台大財金系」，學測至少要考七十三級分，而且每一科都不能放棄，因此他特別加強自然科的學習。他說：「很多社會組學生一開始就放棄自然科或數學科，真的很可惜！」

提早準備，特別加強英文

　　吳右任能在學測中表現一鳴驚人，和他很早就開始準備有關。他在高二擔任建中講演社社團幹部時，就已經開始每週至少念十五小時的書了。

　　「我想早點上榜，早點放暑假，所以就要早點念書囉！」他說。高二時他特別加強英文，將不熟悉的英文單字寫在筆記本上，隔幾天再看一遍，沒記熟的單字就再抄一遍，直到自己熟悉每個單字為止。

● 抄寫不熟悉的單字，隔幾天再讀。

「我至少寫了三十本以上英文筆記，每隔幾個禮拜就要買很多原子筆。」他說。

自己註解的物理筆記

翻開吳右任的物理筆記，除了載滿各種不同的公式，吳右任還在公式旁邊加上很多補充敘述。他說：「物理公式那麼多，只抄公式背公式是不夠的，還需要用自己的話來解釋，這道公式才比較容易記到心裡。」

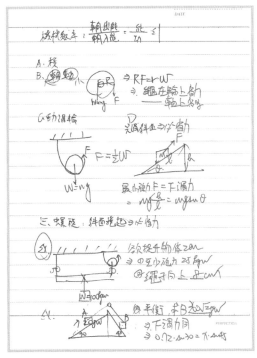

●不只是記錄公式，還有圖說及各種補充說明。

善用圖表做化學筆記

　　吳右任說，化學常常會考大家容易混淆的觀念，因此善用圖表將會是得分關鍵。「圖表可以幫助區分細節，也可以用更有結構性的方法，讓自己記住這些觀念。因此，能多用圖表就盡量善加利用囉！」他說。

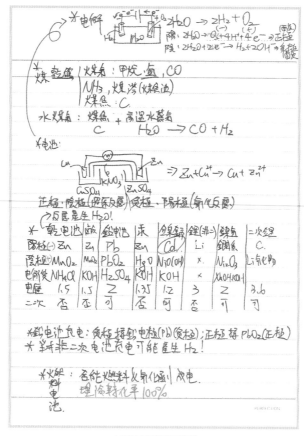

● 用圖表釐清複雜觀念。

用三種顏色的筆突顯重點

吳右任的筆記本會用顏色區分重點，但他的筆記本裡只有藍、紅、綠三種顏色。「其實三種顏色就可以將重點突顯出來，用太多五顏六色的筆，反而會失去焦點。」他說。

吳右任用藍色記下一般的敘述或公式，而紅色記重點敘述和重點公式。綠色則是特別色，「綠色是我容易混淆的觀念，或是常會出現在考題上，比較困難的公式。」他說。

● 綠色是考生常忽略的答案。

如何寫漂亮又實用的筆記？

1. 自己看得順眼最重要，經過自己有系統地詳加整理和註解，筆記內容十分充實，考試時更得心應手。
2. 善用顏色區隔，複習時更有重點。

Q：談談筆記對你的幫助

念書的時候，我的手邊一定要有筆記本。同時用眼睛閱讀、用手去書寫、去感受，讓我念書更有效率。

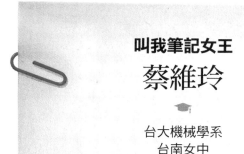

叫我筆記女王
蔡維玲

台大機械學系
台南女中

同學們爭相借閱的筆記

　　畢業於台南女中的蔡維玲，畢業成績全班第一名，是學校推薦甄試三名同學之一；而她在班上也是出了名的筆記王，同學們考試前都會來向她借筆記，尤其是物理筆記最為搶手！維玲笑說：「把筆記借給同學之後，她們考試考得比我還好。」而現在就讀於台大機械系的她，依然樂於將自己的筆記大方借給同學。

　　打開維玲的筆記，讓人忍不住讚嘆她的字跡工整，她說這是從小被媽媽訓練的結果，媽媽要求她寫字時，一筆一畫都要寫得清清楚楚。

 將狹縫旋轉 θ 時，

有效狹縫距離 $d' = d\cos\theta$

$$\Delta x' = \frac{\lambda r}{d'} = \frac{\lambda r}{d\cos\theta} = \Delta x \cdot \sec\theta$$

（4）干涉條紋的強度：

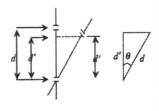

4、以白光作雙狹縫的干涉實驗：

中央亮帶為　白　色，兩旁為　彩色　色，緊接著中央亮帶旁最先出現的色彩為

　藍　色，此乃：藍光破壞性干涉所致

光的三原色

【例1.】在『楊氏雙狹縫干涉實驗』中，設兩
個長條形狹縫間的距離為 d，狹縫至屏幕
S 間的距離為 D，波長為 λ 的單色平行
光垂直入射於狹縫，如圖10 所示。若兩
條狹縫所發出的光在到達屏幕上P 點所
產生的路程差以 Δr 表示，則下列敘述
哪些正確？

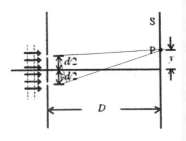

(A) 每一條狹縫可以視為波長為 λ 的線
光源

A
C
E

(B) 兩條狹縫所發出的光，可視為不相干的。　皆為相干

(C) Δr 的正確值為 $\sqrt{D^2 + (y+\dfrac{d}{2})^2} - \sqrt{D^2 + (y-\dfrac{d}{2})^2}$

$= \overline{PS_1} - \overline{PS_2}$

(D) 若 $D \gg d$ 及 y，則 Δr 可近似表示為 $\Delta r = \dfrac{yD}{d}$ $d \cdot \dfrac{y}{D}$

$\Delta r = d\sin\theta$
$\doteqdot d\tan\theta$
$= d \cdot \dfrac{y}{D}$

(E) 當 $\Delta r = \dfrac{5}{2}\lambda$ 時，在P 點發生破壞性（相消性）干涉。（93日大）

$n=3$

暗帶條紋

● 把抽象的文字畫成具體的圖形之後，就很清楚這個題目的要點。

從國中開始養成做筆記的習慣

維玲做筆記的習慣是從國中開始，當時她的歷史老師會發給同學一些補充講義，而講義上的內容很少，需要靠自己上課聽講以及從課本中找資料補充，而歷史老師也會依照同學補充筆記寫得好不好，來打平時分數。一開始，維玲為了分數而努力做筆記，但筆記做久了之後，看見自己的筆記寫得完整又漂亮超有成就感，以後便養成了做筆記的習慣。不過她也坦承，對於自己有興趣的科目，筆記做得最好。至於其他比較不感興趣的科目，她就不會特別補充筆記內容。

偏愛物理

維玲高中時的物理講義一共有二十本，每一本都寫滿了清楚又豐富的補充內容，她說自己的物理筆記做得很認真，每一堂物理課都不輕易錯過，因此筆記內容非常地完整。問她為什麼喜歡物理，她說是因為物理很生活化，幾乎日常生活中所有眼睛可見的事物，都能透過物理定律來解釋。而物理學當中的力學是她的最愛，因此高二時她就下定決心，以和力學最有相關的台大機械系為升學目標。

愛物理成癡的她說和同學們去打保齡球時，也會使用物理定律去預測這顆球打出去所行經的路線是什麼？最後會strik 還是洗溝？預測結果通常很準確。維玲的每本高中物理講義封面上都印有愛因斯坦的一句話：「宇宙最不可理解之處，就是在於它是可以理解的」，這也是她熱愛物理的主要原因。

寫筆記可以幫助上課集中精神

維玲高中上物理課從來不會打瞌睡或分心，主要就是因為一邊上課聽講、一邊記筆記的緣故。

她說老師在課堂上講述物理時，會有很多口頭講解的部分，而這些內容不一定需要逐字逐句抄寫，否則記不完，應該先消化一下老師講述的內容，再決定要不要記在筆記上。她認為，自己可以想出來的題目最好不要記在筆記上，這樣做有一個好處，就是複習時能靠自己多思考。

物理筆記畫圖很重要

在維玲的物裡筆記當中，可以看到很多圖，她認為讀物理時，畫圖很重要。寫筆記時，她會將一些重點畫下來，下次再複習這些內容時，就會很快進入狀況。而且直接記憶圖像比文字要快，有助於提升讀書效率。圖像思考對於物理考試時也很重要，一邊看題目一邊把圖畫下來，解題方法就呼之欲出了。

● 為了避免看起來太雜亂，用圖框將內容框起來。紅色星星符號是老師上課強調的重點。

化學筆記記錄公式推導的過程

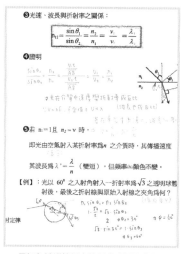

❸光速、波長與折射率之關係：

$$n_{12} = \frac{\sin\theta_1}{\sin\theta_2} = \frac{n_2}{n_1} = \frac{v_1}{v_2} = \frac{\lambda_1}{\lambda_2}$$

❹證明

$$\frac{\sin\theta_1}{\sin\theta_2} = \frac{n_2}{n_1} = \frac{\frac{v_1}{AB}}{\frac{v_2}{AB}} = \frac{v_1}{v_2} = \frac{n_2}{n_1}$$

❺若 $n_1 = 1$ 且 $n_2 = v$ 時，

即光由空氣射入某折射率為 n 之介質時，其傳播速度

其波長為 $\lambda' = \dfrac{\lambda}{n}$ （變短），但頻率、顏色不變。

【例】：光以 $60°$ 之入射角射入一折射率為 $\sqrt{3}$ 之透明球體射後，最後的折射線與原始入射線之夾角為何？

● 用紅色粉蠟筆框出整個公式的推演過程；
重點用黃色粉蠟筆標示。

除了物理筆記之外，維玲的化學筆記也很值得參考學習。她說化學科目當中有許多需要理解的重點，從原因、過程到結果，這些推導的過程，透過老師上課說明以及自己理解之後，她會再使用自己習慣的方式書寫在不同顏色的便利貼上，用釘書機釘在講義上，如此一來，複習時就很方便了。她的化學講義本來只有薄薄的一本，加上她的自製內容之後就變成厚厚一本。

筆記無論是內容還是外觀，都要好看

　　一開始把筆記寫得很漂亮，是因為怕複習時會看不懂，而後來看見自己一筆一畫寫出來的整齊內容，會很有成就感。她不太能忍受筆記本看起來破破爛爛的，「一開始我用打洞裝訂筆記，後來因為翻閱很多次，打洞的地方會破掉。」因此，她高中的二十本物理講義，每一本都用釘書針整整齊齊地釘起來，並且在邊緣用圖案可愛的膠帶黏好，讓自己在閱讀筆記時賞心悅目。

　　此外，字跡一定要寫得很工整，盡量使用橫條式筆記，字才不會擠在一起，在視覺上力求美觀，便於閱讀。

用顏色區分重點

　　翻開維玲的筆記本，可以看見許多不同顏色的筆跡，例如自己算題目時會用鉛筆寫，因為可能會修改，而老師在板書上寫的例題算式就使用不同顏色的原子筆，像是紅色或綠色；如果是推演的結論，像是化學的數學計算公式部分，就會特別用紅色粉蠟筆框起來，打勾的地方則是提醒自己特別需要注意的重點，重要的關鍵字也會用紅色原子筆圈起來。

如何寫漂亮又實用的筆記？

1. 字跡一定要工整，確保自己回頭複習時能看得懂在寫什麼，這樣做筆記才有意義。
2. 上課時注意聽講，稍微消化一下老師授課內容之後，再決定寫哪些重點。筆記主要是記錄那些沒有把握的，以及特別重要的內容。
3. 要訓練自己寫字速度，上課做筆記時才能抄得快又好看。其實抄久了，速度自然就會變快。
4. 要有耐心持之以恆做下去，才能把筆記做得很完整。

Q：談談筆記對妳的幫助

課本內容太多，念筆記比較快。考試前打開筆記本，一看見用不同顏色註記的內容，立刻一目了然，筆記也就成為考前複習的利器。

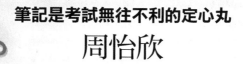

筆記是考試無往不利的定心丸
周怡欣

台大會計系
台中文華高中國文資優班

第一名畢業卻落榜

　　就讀於台大會計系的周怡欣，高中念台中文華高中國文資優班，在校期間，她幾乎每次段考都是全班第一名。

　　個性爽朗的怡欣說：「考第一名可以領到獎學金，雖然只有兩百元，卻很有成就感。」而這也成了她後來無論如何都想維持第一名的動力。

　　當她在課業上的表現突飛猛進之後，也開始認定自己有實力可以進台大，就連老師和同學們也一致看好她能考上台大。但是，學測甄試放榜時，以為至少可以申請到政大的她，竟然連一間學校都沒有上，這個結果令她的信心頓時大崩潰！後來，有位老師鼓勵她：「就再給自己一次機會吧。」這句話深深打動了她的心，放下挫敗的心情，全力拚指考。

　　當時她想，反正最壞的情況已經發生了，指考也不可能再壞下去，就放手一搏吧！從此，她每天一睜開眼就告訴自己一定要努力念書，以考上台大為第一目標，雖然偶爾也看

熱帶雨林｜(高低成｜(1.植被較稀(季風雨林)(2.雨季長短 較短)
季風雨林｜長分布

草原
一熱帶荇原
一地中海灌木林
針葉林

苔原
熱帶
雨林

此地植物
一極地
沙漠
闊葉草綠
郊杂含物

參考課本填上天然植物名稱(並著色)

3.台灣天然植物分布：
　(1).南部低海拔：季風雨林、紅樹林
　(2).500m 以下：樟樹(已少見)　　　　｝闊葉林
　(3).500-1800m：人工造林為主
　(4).1800-2500m：混合林(紅檜、扁柏等)
　(5).2500-3500m：針業林(冷杉、鐵杉等)
　(6).3500m 以上：高山寒原(苔蘚、地衣類、高山灌叢等)

四、生物的利用：
　1.動物的利用：
　　(1).熱帶地區：大象、耕牛→駄運、農耕等。
　　(2).溫帶地區：馬、驢、牛、羊→駄運、汲水、推磨、毛皮、乳肉。
　　(3).寒帶地區：馴鹿→拖撬、乳肉等。
　　(4).高山地區：亞洲一犛牛、安地斯山一駱馬。
　　(5).沙漠地區：熱帶一單峰駱駝、溫帶一雙峰駱駝。
　2.植物的利用：
　　(1).陸地、海洋天然及人工栽培植物→食物、藥品、觀賞。
　　(2).森林→工業原料及其副產品。(此地球之肺?)
　　(3).有利環保→涵養水源、保持水土、調節氣候、防風固沙、淨化空氣。

● 幫地圖上色，更有概念。

電視紓解一下緊張的考試壓力，但絕不讓自己鬆懈下來，就這樣埋首苦讀了幾個月之後，終於如願考上台大會計系。

上了大學之後，怡欣兼任家教的工作，喜歡在筆記上塗塗寫寫的她，就連國中的筆記至今仍然留存著，因此也成為她家教時的輔助教學工具。

筆記做得豐富，考試更得心應手

怡欣高中時最喜歡的科目是國文、英文和歷史地理，這些背科的筆記，她做得特別仔細。

怡欣的講義和課本，就是她最好的複習筆記。打開怡欣的議義，一時之間令人有些眼花撩亂，寫字很用力的她，習慣用各種醒目的方式來標示重點、並且在空白處補充老師上課時講解的內容；對於原本不會或容易出錯的地方，像是國文、英文生字，她會抄寫在另外一張紙上，不時提醒自己注意。此外，她也會將各種補充資料夾在講義的相關單元裡，內容越詳細完整，念起書來越安心，考試時自然也就越上手。

● 將自己不會或容易寫錯的字抄下來。

● 把課文重新抄寫一遍，填空處是常出錯的地方。

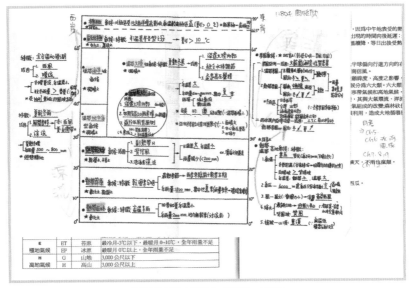

E	ET	苔原	最冷月-3℃以下，最暖月0~10℃，全年雨量不足
極地氣候	EF	冰原	最暖月0℃以上，全年雨量不足
H	G	山地	3,000 公尺以下
高地氣候	H	高山	3,000 公尺以上

● 將補充資料貼在講義上，複習時一目了然。

如何寫漂亮又實用的筆記？

1. 內容越詳細完整越安心。
2. 使用不同的顏色來區分重點。
3. 盡量將重點補充在課本講義上，複習時更方便。

Q：談談筆記對妳的幫助

寫筆記就像是我的定心丸，讓我在面對考試時猶如打了一記
強心針，增強不少自信心。

有效率的重點筆記法
陳君慧

台大會計系
北一女中

　　就讀台大會計系的陳君慧，高中念北一女，由於高一高二時忙於北一女儀隊，真正念書的時間並不多，只維持在中上成績而已。

　　一直到了高三，她突然「台大病」上身，開始努力用功，成績也慢慢爬升成為班上前幾名，這令她對於自己念的書更有信心。為了保持最佳作戰狀態，到了考前幾個月，她甚至與幾位要好的同學一起進駐K書中心；在這段準備考試期間，她覺得最需要克服的就是自己容易緊張的毛病，越是緊張越是念不下書，因此她告訴自己，一定要想辦法克服。

　　君慧以學測六十九級分考上台大會計系，上了大學之後，頓時海闊天空，她曾經和同學一起騎機車，全台環島一周；也加入了台大漁村服務社，每學期固定到偏遠漁村，陪伴當地的國小學童念書。寒暑假時，她和社團同學還會到比較偏遠一點的地方服務，像是澎湖離島，往往一去就是十天半個月，晚上就克難地睡在國小教室地板上，一點也不以為苦。

　　君慧說她會在自己覺得有意義的事情上特別努力，而這樣的特質，也展現在她的筆記風格上。

tower as the *centerpiece* for the *Centennial Exh*

Gustave Eiffel, nicknamed the "magician of

contest with his **seemingly functionless** tower, b

proposals.

It took about two years to build the tower. **Ini**

a rate of 10 meters a month, speeding up to ne

month as it neared the **summit**. Yet on the day it

the elevators worked. Eiffel and his 60-strong p

had to climb the 1,710 steps to place the French

level of the tower.

For years, the finished product remained

breaker, twice the height of any other building (u

Chrysler Building went up in 1930). During th

first six months, it drew 12,000 visitors a day

However, it was not without its **critics**, who

● 重點用螢光筆標示。

考卷是最好的複習重點

　　英文全國指考前十名的君慧，最擅長的科目就是英文，由於高一高二時老師考試的重點都在課本裡，單字和文法比較少，不需要花太多時間念，她的英文成績只維持在中等而已。到了高三模擬考之後，她才驚覺自己有太多單字不會，開始努力急起直追。

　　首先，她將高中三年所有的英文考卷都找出來，把考卷裡看不懂的英文單字全部都查過一遍記下來，就連大學歷屆英文考古題也不放過。

　　君慧說學測指考前，英文歷屆考古題一定要看，因為考試大致上就是這些內容，多看試題就不用再花太多時間在複習課本上。

fail [fel] *vi.* 失敗

All his plans ended in failure, but he was nev

he tried again.

He had failed several times, but he never gav

17. **simply** [ˋsɪmplɪ] *adv.* really; completely　簡

否定)

Don't believe him. What he said simply isn't

18. **media** [ˋmidɪə] *n. pl.* the means of mass

television, radio, and newspapers　傳播媒體

The media provide information, amuse peopl

19. **benefit** [ˋbɛnəfɪt] *n.* [C][U] (an) advantage

benefit [ˋbɛnəfɪt] *vi.; vt.* 受益於…；嘉惠

For the benefit of those people who arrived

plan again.

School children will benefit from the educati

The new hospital will benefit the whole com

● 把較難的介系詞圈出來。

英文多看文章多背單字

　　君慧歸納自己在高三時英文突飛猛進的原因，是單字和文章閱讀量增加。

　　她說念英文就是要多看、多接觸。高中時班上統一訂《空中英語教室》，老師每個星期都會按進度考試，因此她都會仔細閱讀。

　　在背單字時，她會在心裡

默念，遇到不懂的單字立刻查字典，同時將查到的內容記起在單字本上。

不懂的地方不要記

在所有科目當中，君慧的英文筆記做得最勤奮，但她並不是另外記在筆記本上，而是將老師的板書重點抄在課本裡。她說很多同學會將老師上課的內容一字不漏地抄下來，筆記做得非常完整，但她寫字寫得很慢，跟不上老師的進度，因此只記重點而已。

此外，看不懂的地方，她不會記下來。因為如果把不懂的也抄進去，那之後複習時還是不懂，就需要花很多時間去回想、去查單字，如此一來會影響到複習進度。

君慧不喜歡課本上有太多花花綠綠的顏色，她習慣將重點用螢光筆標示出來，尤其是一些較難的介系詞，複習時會更有效率。

● 國文課本裡的深澀字句，用黃色筆註記。

● 作文習作。

學習國文的方式多彩多姿

君慧在高一專題研究課中，選擇了國文。每週老師都會安排一些專題活動，例如邀請校外學者專家來學校講述《紅樓夢》等經典名著，或是大家一起去逛圖書館、參訪書法家，以更活潑有趣的方式，引導她們接觸國文。

在學校老師的嚴格要求下，她們定期要交出一篇課外書的閱讀心得，不知不覺中培養了國文作文的寫作能力。

此外，她也會把補習班老師發的古文講義當中，一些比較深澀難懂的字句特別圈出來，考試前拿出來加強複習。

如何寫漂亮又實用的筆記？

1. 寫筆記之前要過濾，不要寫太繁雜的內容，閱讀時容易因干擾而分心。
2. 上課筆記寫重點，不要整句抄。
3. 筆記的字跡整齊，閱讀時一目了然。

Q：談談筆記對妳的幫助

做出一本完整的筆記，會讓自己上考場前很有安全感，考試時信心也倍增許多。

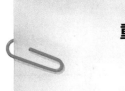

筆記整齊工整

目前就讀於台大會計系三年級的鄭聖璇，自認是名副其實的筆記狂，翻開聖璇的筆記，實在令人讚嘆不已！除了字體端正之外，版面也非常整齊，她說自己連重點底線都要用尺畫，沒有辦法忍受任何一行字寫得歪歪斜斜的。如果筆記寫得不好還會重寫，否則每次一翻開筆記，心裡就會覺得怪怪的。

從小時候寫生字本開始，在國小教書的媽媽就會要求她把字寫得工整，「如果其中一豎寫歪了，媽媽就會把字擦掉，要我重寫。」她說。

數學要好，要多做題目

高中時念北一女中的聖璇，兩個姊姊也都是北一女中、台大畢業。原本她考上政大社會系，但她對於台大會計系有

所憧憬，於是重考，終於如願進入台大會計系。

她說，從國小開始就喜歡數學，那種靠著自己努力解題得到答案的成就感，令她感到雀躍不已。

許多人認為數學需要天分，但是她說多做題目，自然可以提升數學能力。

「數學一定要練習。」她說，要做題目才知道自己的盲點。而且做題目時，一定要盡量自己想出答案來，如果想了半個小時還是毫無頭緒，才去看解答。在她的印象中，幾乎沒有自己解不開的數學題。

數學筆記是同學的最愛

聖璇不但數學成績好，數學筆記也寫得完整，因此一些比較要好的同學都會向她借數學筆記。她的數學筆記使用了兩種顏色來區分重點程度，橘色是最重要的，第二重要的就用綠色筆寫，藍色原子筆寫題目，鉛筆則是寫計算過程。用顏色做區隔，考試前複習時就可以一目了然。

此外，她不會將筆記重點寫在便利貼上，容易影響閱讀。在選擇筆記本時，也會用有畫線的筆記本，這樣就能寫得很整齊。

在聖璇的數學筆記裡，有一些用鉛筆畫的可愛小圖，她不好意思地說，有時老師講課太無聊，她就會在筆記本上面畫畫，而下次複習時看到這些小圖，心情也會很好。

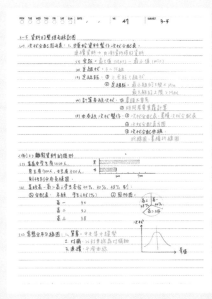

● 聖璇的字跡工整，內容清楚分明。

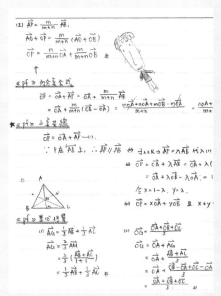

● 橘色表示最重要的。

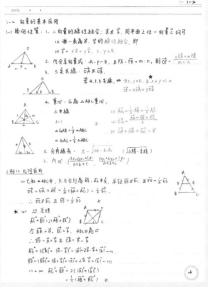

● 綠色表示次要的。

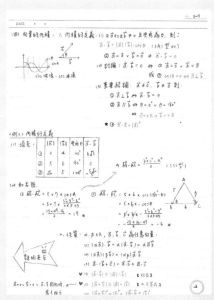

● 由於計算過程可能會修改，所以使用鉛筆。

2. L⊥E 的定義：(1) Def: 直線 L ⊥ 平面 E 於 P ⇔
平面 E 上任意過 P 之直線 M 恆為 L⊥M

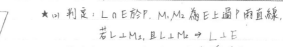

★ (2) 判定：L∩E 於 P, M₁, M₂ 為 E 上過 P 兩直線,
若 L⊥M₁, 且 L⊥M₂ → L⊥E

(3) 過平面 E, ① 上一點, 有一條直線垂直 E。
② 外一點, 有一條直線垂直 E。

3. 兩平面的夾角：兩平面 E₁. E₂ 相交於直線 L   公共稜

(1) 如右圖, 圖形稱為兩面角
                                        平面角之兩面角

(2) 在 L 上任取 P 點, 分別在 E₁. E₂ 上.
做 $\overline{PA}⊥L$, $\overline{PB}⊥L$, 則,

1. ∠APB 為兩面角之一平面角

2. ∠APB = 0 ⇔ 兩面角 = 0

求兩面角先找公共稜 。。

哈!!

● 使用有畫線的筆記本，並在筆記上畫上小圖，抒發心情。

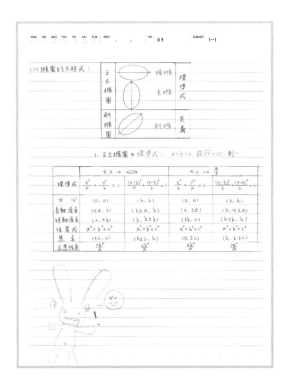

把國文課本拆解成複習講義

　　聖璇整理國文筆記的方式很特別，她會把高中各冊國文課本拆開，將同一類型的課文裝訂在一起，例如祭妹文、祭鱷魚文……這些課文考試時常會被拿來作對照比較，把它們整理在一起，會更有概念。

　　此外，她也會在國文課本或是講義的空白處，寫下老師上課時所補充的國學常識，並且將老師發的補充教材，一併夾在相關的課文裡。

地圖加上顏色，一目了然

在聖璇的地理講義上，地圖都用粉蠟筆分別上色，例如山的部分就塗上綠色，水的部分就塗上藍色，這樣一打開講義時，可以立刻找到重點。她說自己念地理時不會另外畫地圖，因為她會想畫得很漂亮，因而浪費許多念書的時間，不如將講義裡的地圖多看幾遍。

用便利貼提示重點

在聖璇的課本中，可以看到很多長條形便利貼，都是考前必須複習的重點，提醒她考試之前要多看幾遍。

如何寫漂亮又實用的筆記？

1. 字要寫得整齊，可以使用有壓線的筆記本。
2. 依重點用不同顏色書寫，一目了然。
3. 把不會的內容整理在一起，方便複習。

Q：談談筆記對妳的幫助

寫出完整的筆記很重要，考前複習筆記時，就能達到事半功倍的效果。

筆記就是要節省時間
洪婉玲

台大法律系
高雄女中

　　高中時就讀高雄女中的洪婉玲，從小就喜歡看漫畫，高中時還參加了漫研社。但是，高三時，她為了準備學測指考，為自己立定了「一年之內不能看漫畫」的規定，以努力考上台大為首要目標；經過一年的準備，終於如願考上了台大法律系司法組。

　　打開婉玲的筆記本，每一本看起來都很清爽，讓人閱讀時不會有壓迫感。她說每個人都有一套記筆記的邏輯，再好的記筆記方式仍然會有美中不足的地方，而筆記的功能就是要比課本簡單易懂，因此字跡整齊、分類清楚十分重要。

歷史筆記幫助理解

　　婉玲的歷史筆記有個跟其他人不太一樣的地方，她會把同一個國家在不同年代發生的事件整理在一起。這些內容原本分散在高中三年的歷史課文裡，經過分類整理後，讓她對於一些歷史事件的前因後果、來龍去脈，有了更全盤的理解。

· 約翰

1. 約翰是英語森地擅亍文. (不由最力)

2. 曾加稅收 → 貴族反抗

→ 1215 A.D. 大憲章 ← 明定貴族. 國王權力. 並非諉國王

成為害，徒元首，而是防止國王攘取，

保衛貴族. 教士. 自由人 (中產) 權利.

· 亨利三世

1. 財政問題 → 牛津條款. (國王和貴族共同統治)

2. B 用國會. 中產 class 的原+地位提升.

· 愛德華一世

1. 亨利II 諾另一拉立法者 → 「英國的查士丁尼」.

2. B 用「模範國會」. (教士對抗) → 國會雛型

※ 英國王朝

1. 11C. 諾曼地王朝 (by 威廉)

2. 12C. 金雀花王朝 (by 亨利II)

● 把同一個國家不同年代的歷史事件重新整理，有助於了解來龍去脈。

1. 那名身著黑色風衣的男子Tuk乎透露出一般神祕的氣息.

The man in/wear the black trench coat seemed to

[reveal] an air of mystery.
 give off

※ 一般~的氣氛 an air of [triumph 以高興烈
                        mystery 神祕
                        superiority 优越

※ [reveal 透露 (=show)   ※ superficial 表面,膚淺的
   conceal 隱瞞 (=hide)   = skin-deep
c.f 揭發: disclose (v).   ※ dismiss 摒棄,解散

2. 這業女坐在沙灘上. 沈醉在美麗的夕陽中

The gorgeous lady sat on the beach, losing

herself in the beauty of the sunset.

※ lose oneself in + N 沈醉,專注在.

= be [lost in   in + N

● 用各種顏色的筆清楚標示重點。

英文筆記層次分明、一目了然

在婉玲的英文筆記中，收錄了一些她原本不會或是容易混淆的生字片語和例句，用不同顏色的筆標示重點。此外，她也會在筆記空白處補充一些英文單字的反義字，並且把補習班的英文模擬考剪貼在筆記本上，經常拿出來複習。

善用活頁夾筆記本

在高中時很認真做筆記的婉玲，習慣使用方便攜帶的活頁式筆記本。不過活頁夾也有它的缺點，就是有時候明明已經做得很完美了，卻仍想嘗試另一種方法，不時地更換內容，不知不覺之中就浪費了一些時間在重新整理筆記上面。

如何寫漂亮又實用的筆記？

1. 字要寫得整齊，複習時才能一目了然。
2. 用自己最容易記得的方式分類。
3. 筆記一定要經過消化吸收才是自己的。

Q：談談筆記對妳的幫助

因為是自己整理的筆記，有自己的思考邏輯，所以脈絡清楚；此外，自己寫過一次筆記內容後，印象也比較深刻。

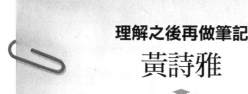

理解之後再做筆記
黃詩雅

台大法律系
基隆女中

　　以榜首考進基隆女中、全校第一名畢業的黃詩雅，是個凡事都盡全力做到最好的完美主義者。

　　詩雅認為身為一個學生的本分就是把書念好，所以，高中三年她幾乎將所有的時間和心力都放在念書上，因而順利考上第一志願——台大法律系財法組。

　　詩雅在高中時參加了游泳社，讓她更體認到培養毅力的重要性。在面對高三沉重的課業壓力時，她依然透過跑步、打籃球，讓自己的精神和體力保持在最佳狀態，並且藉此紓解考前緊張的情緒。

將筆記、課本、考卷融合成工具書

　　詩雅在念書時很注重老師課堂上的講解，但上課時間有限，往往無法將筆記寫得很整齊，因此她會先把重點抄在一張紙上，回家後再慢慢整理成有系統的筆記。在記筆記的過程中，不斷反覆地思考，也加深她對課程內容的印象。

〔憶〕昔　　　　　〔傷〕今

今（傷今）

- 老年　「塞上長城空自許，
- 鏡中衰鬢已先斑。
- 期望語　出師一表真名世，
- 千載誰堪伯仲間④？

昔（憶舊）

- 『早歲』①「那知世事艱」，
- 少年　中原北望氣如山②。
- 壯年　列錦（似蒙太奇手法）、對伏　「樓船夜雪瓜洲渡，
- 鐵馬秋風大散關③。

③ 破題
① 歎息
① 激問 → 壯志豪氣

暗示現在已知責主和派迫害忠臣、阻撓北伐的卑劣行徑→「憤」的根源

氣如山
↗ 殺伐之物（煙散、鐵馬）
冷肅之景（夜雪、秋風）

邊城之地（瓜洲渡、大散關）

以景敘事
只用名詞組成一幅威武壯觀的圖景

概括水陸兩路大軍進攻敵人的壯闊場面

奧出南朝宋名將檀道濟
因雄心壯志無法實現而生況重的失落感
陸游以此自許，顧有志抗敵，挽我其雄之姿
立

暗示鬢先斑，人已衰老的悲憤之情
詩人功業未就，志未衰
強烈對比中，包含著對投降派罪惡行徑的憤恨指責
時光虛擲的感慨

化用杜甫〈詠懷古跡〉中
能與「羞憤諸葛亮的伯仲之間見」
期待語，更是自許、自勉之詞

＊孟子評四聖：聖之清者→伯夷、叔齊
　　　　　　　聖之任者→伊尹

＊少年：胸懷大志，誓復中原，卻不知道人心險惡

壯年：回想當年，金戈鐵馬，攻無不克的歲月

● 以顏色分類，答對的用藍筆寫，答錯的用橘色筆寫。

凡事講求條理分明的詩雅，習慣把相關課程內容集合在一起，並且用顏色做好內容分類，像國文科就分成修辭——橘色、注音——粉紅色、解釋——天藍色、大意——綠色，閱讀時一目了然。

　　此外，為了把同一單元的重點抄在同一頁上，她刻意把字寫得小一點。值得一提的是，她的每本筆記都很薄，連同考卷一起夾在課本和參考書裡，就變成了一本完整實用的工具書，下次再拿出來複習時十分方便。

對照地圖念歷史

　　詩雅說自己的記性不好，所以歷史科都是用理解的方式來念，而不是死背。她整理歷史筆記的方式是：大項標題依照老師的分類，然後自己再補充細項的文字敘述。由於歷史老師上課時會結合地圖作講解，因此她也會在筆記畫上相關地圖，用來對照理解。

　　喜愛歷史的她平常會看一些有經過嚴謹考據的大陸歷史劇，無形之中，間接吸收了不少相關的歷史知識。

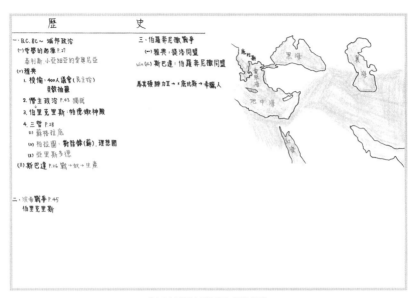

歷　　　史

一·B.C.8C~ 城邦政治
(一)哲學的起源 P.27
　泰利斯 小亞細亞的愛奧尼亞
(二)雅典
　1. 梭倫·400人議會(民主權)
　　　賠貸抵籤
　2. 僭主政治 P.43 獨裁
　3. 伯里克里斯·帕德嫩神殿
　4. 三哲 P.28
　　(1) 蘇格拉底
　　(2) 柏拉圖·對話錄(薪)·理想國
　　(3) 亞里斯多德
(三)斯巴達 P.36 戰→奴→生產

二·波希戰爭 P.45
　伯里克里斯

三·伯羅奔尼撒戰爭
　(一)雅典·提洛同盟
win (二)斯巴達·伯羅奔尼撒同盟

馬其頓腓力II→·庇比斯→希臘人

● 在歷史筆記上畫地圖，更有概念。

如何寫漂亮又實用的筆記？

1. 字跡端正、版面清爽很重要。
2. 做好內容分類，念書更有效率。
3. 盡量把相關內容寫在同一頁，複習時較方便。

Q：談談筆記對妳的幫助

考試之前由於時間有限，所以多半是看筆記。在做筆記的過程中，會促進自己不斷地思考，對於課程內容也更有印象。

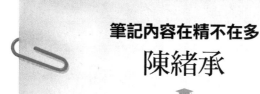

筆記內容在精不在多
陳緒承

台大法律系
建國中學

喜歡運動、是系上籃球隊成員的陳緒承，不只運動細胞佳，學業表現也令人刮目相看：他的成績指考排名全國第十三名，建中第四名。

緒承說自己高一高二時忙於校內的康輔社營隊活動，成績曾經一度跌落到第一千多名，一直到了高二上學期，舉辦過社團成果發表會之後，他才決定發憤圖強，急起直追，最後如願考上了心中第一志願——台大法律系法學組。

筆記本只記重要的、不會的，或者考試做錯的內容

翻開緒承的筆記本，很訝異於一個男生的筆記怎麼會寫得如此整齊，他說自己從小就被父親嚴格要求，所以養成了字跡端正的習慣。

緒承的筆記本薄薄的，每一頁都用鉛筆線區隔，簡單扼要地記錄重點。他說自己的筆記通常只記重點或者不會的東西，如果把會的部分也寫進筆記，每次重複看的話，等於是

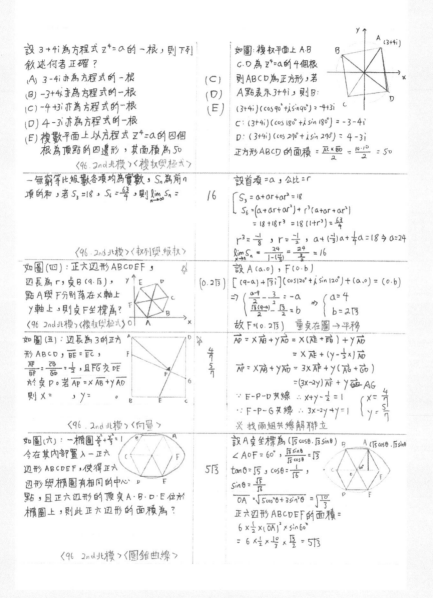

設 $3+4i$ 為方程式 $z^4=a$ 的一根，則下列敍述何者正確？

(A) $3-4i$ 亦為方程式的一根

(B) $-3+4i$ 亦為方程式的一根

(C) $-4+3i$ 亦為方程式的一根

(D) $4-3i$ 亦為方程式的一根

(E) 複數平面上以方程式 $z^4=a$ 的四個根為頂點的四邊形，其面積為 50

〈96. 2nd北模〉〈複數與極式〉

(C)
(D)
(E)

如圖：複數平面上 A、B、C、D 為 $z^4=a$ 的4個根
則 ABCD 為正方形，若 A點表示 $3+4i$ 則：
B: $(3+4i)(\cos 90° + i\sin 90°) = -4+3i$
C: $(3+4i)(\cos 180° + i\sin 180°) = -3-4i$
D: $(3+4i)(\cos 270° + i\sin 270°) = 4-3i$
正方形 ABCD 的面積 $= \dfrac{\overline{AC} \times \overline{BD}}{2} = \dfrac{10 \cdot 10}{2} = 50$

一無窮等比級數各項均為實數，S_n 為前 n 項的和，若 $S_3 = 18$，$S_6 = \dfrac{63}{4}$，則 $\lim\limits_{n\to\infty} S_n =$

〈96. 2nd北模〉〈數列與級數〉

16

設首項 $=a$，公比 $=r$

$\begin{cases} S_3 = a + ar + ar^2 = 18 \\ S_6 = (a+ar+ar^2) + r^3(a+ar+ar^2) \\ \quad = 18 + 18r^3 = 18(1+r^3) = \dfrac{63}{4} \end{cases}$

$r^3 = -\dfrac{1}{8}$，$r = -\dfrac{1}{2}$，$a+(-\dfrac{a}{2})+\dfrac{1}{4}a = 18 \Rightarrow a = 24$

$\lim\limits_{n\to\infty} S_n = \dfrac{24}{1-(-\frac{1}{2})} = \dfrac{24}{\frac{3}{2}} = 16$

如圖（四）：正六邊形 ABCDEF，邊長為 r，點 B $(9, \sqrt{3})$，點 A 與 F 分別落在 x 軸上、y 軸上，則點 F 坐標為？

〈96. 2nd北模〉〈複數與極式〉

$(0, 2\sqrt{3})$

設 $A(a, 0)$，$F(0, b)$
$[(9-a) + \sqrt{3}i](\cos 120° + i\sin 120°) + (a, 0) = (0, b)$

$\begin{cases} \dfrac{a-9}{2} - \dfrac{3}{2} = -a \\ \dfrac{\sqrt{3}(9-a)}{2} - \dfrac{\sqrt{3}}{2} = b \end{cases}$ $\begin{cases} a = 4 \\ b = 2\sqrt{3} \end{cases}$

故 $F = (0, 2\sqrt{3})$　重點在圖＋平移

如圖（五）：邊長為 3 的正方形 ABCD，$\overrightarrow{BE} = \overrightarrow{EC}$，$\dfrac{\overline{AF}}{\overline{FD}} = \dfrac{\overline{CG}}{\overline{GD}} = \dfrac{1}{2}$，且 $\overline{FG}$ 交 $\overline{DE}$ 於點 P。若 $\overrightarrow{AP} = x\overrightarrow{AB} + y\overrightarrow{AD}$ 則 $x =$ ，$y =$

〈96. 2nd北模〉〈向量〉

$\dfrac{4}{7}$
$\dfrac{5}{7}$

$\overrightarrow{AP} = x\overrightarrow{AB} + y\overrightarrow{AD} = x(\overrightarrow{AE} + \overrightarrow{EB}) + y\overrightarrow{AD}$
$\quad = x\overrightarrow{AE} + (y - \dfrac{1}{2}x)\overrightarrow{AD}$

$\overrightarrow{AP} = x\overrightarrow{AB} + y\overrightarrow{AD} = 3x\overrightarrow{AF} + y(\overrightarrow{AG} + \overrightarrow{GD})$
$\quad = (3x - 2y)\overrightarrow{AF} + y\overrightarrow{交} \overrightarrow{AG}$

∵ E-P-D 共線　∴ $x + y - \dfrac{1}{2} = 1$ $\begin{cases} x = \dfrac{4}{7} \\ y = \dfrac{5}{7} \end{cases}$

∵ F-P-G 共線　∴ $3x - 2y + y = 1$

※ 找兩組共線解聯立

如圖（六）：一橢圓 $\dfrac{x^2}{a^2} + \dfrac{y^2}{b^2} = 1$ 今在其內部置入一正六邊形 ABCDEF，使得正六邊形與橢圓有相同的中心點，且正六邊形的頂點 A、B、D、E 位於橢圓上，則此正六邊形的面積為？

〈96. 2nd北模〉〈圓錐曲線〉

$5\sqrt{3}$

設 A 點坐標為 $(\sqrt{5}\cos\theta, \sqrt{3}\sin\theta)$
$\angle AOF = 60°$，$\tan\theta = \dfrac{\sqrt{3}\sin\theta}{\sqrt{5}\cos\theta} = \sqrt{3}$
$\cos\theta = \dfrac{1}{\sqrt{6}}$，$\sin\theta = \sqrt{\dfrac{5}{6}}$
$\overline{OA} = \sqrt{5\cos^2\theta + 3\sin^2\theta} = \sqrt{\dfrac{10}{3}}$

正六邊形 ABCDEF 的面積 $=$
$6 \times \dfrac{1}{2} \times (\overline{OA})^2 \times \sin 60°$
$= 6 \times \dfrac{1}{2} \times \dfrac{10}{3} \times \dfrac{\sqrt{3}}{2} = 5\sqrt{3}$

● 把做錯的題目收錄在數學筆記裡。

浪費時間。此外，他也會將平常考試時做錯的數學題目記在
筆記上，避免下一次再犯同樣的錯誤。

建立英文句型、單字資料庫

緒承曾經把指考常考的七千個單字抄錄在筆記本裡，但
是寫完之後，發現自己也記不住，於是重新研究該如何分門
別類，做出了一本比較有系統的英文筆記。

在這本英文筆記本中，記滿了重要的英文句型。首先，
他將學校老師發的四本英文講義裡約七百多種句型，分門別
類整理成：通同字、相似字和詞類變化，從中挑選出最重要、
自己最常忘記的句型，記在筆記裡；每次考試時只要複習一
下筆記本裡的內容，就不用再浪費時間，另外看課本。指考
之前，他還會把筆記裡畫上紅線的超重點部分，重新再複習
一次。

至於背英文單字，他說只要常常背，自然就會記得；另
外，念出聲音來也很重要，一邊念一邊記單字的效果，比在
心裡默背好得多。他經常利用從家裡搭捷運到學校的三十分
鐘車程來背單字，日積月累之下，也背了不少英文單字。

努力充實英文作文的單字量

緒承說，英文作文就是要讓閱卷的老師眼睛一亮，所以
最好引用一些漂亮的單字或片語。除此之外，獨到卻不怪異
的想法或主題也很重要；老師曾經告訴他們，寫英文作文時，

心中第一個閃過的想法不要寫它,比較好的反而是第三或第四個想法。

在緒承的英文筆記裡,集合了各家補習班講義的重點內容,因為同一個英文單字,課本裡也許會提到四個、補習班講義提到三個意思,統統記下來就不會有所遺漏。

他的英文筆記裡還記錄了一些老師沒教,將來可能用得到的冷門單字,例如:Roman Colosseum(羅馬競技場)這個單字,如果遇到作文題目是「你最想去的地方」時,就可以寫羅馬,然後提到羅馬的競技場;如果作文題目是「我的夢想」,就可以寫我的夢想是環遊世界,再提到羅馬競技場。他的單字本裡抄錄了不少這類遇到各種作文題目都可以連結的英文單字。

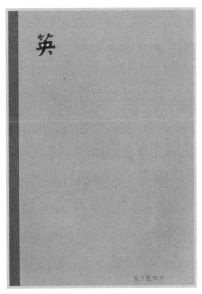

● 和內文同樣乾淨的封面。

● 把英文同義字寫在一起,複習時更有效率。

我時常在漸黯的天色裡走出圖書館，走出校口，兀立街道，等待突起車輛川流的馬路時，感反到理智認知與現實行動間的衝突。

那時節，什麼歷史、思想或是文學與詩，都被壓縮的小小的，一顆小石子般塞在記憶的某個角落，感覺得到存在，感覺不到重量、質量、體積及剔透光渾。

平常樹幹上的輪圈彷彿可見，一環環相疊而上，婀娜婷婷沒有在何齟齬。再上去四散婆娑的椰葉，卻只沾染些似黃似白的微光，緩緩搖擺。整個圓環透著一種不經意的柔美與一點妖嬈，縈人心魂，與指揮部漆黑方稜的建築相扶持，正成亨戰與平和兩難兩依的界說。

● 國文筆記裡記錄了許多名言佳句。

國文筆記本記錄名言佳句

緒承覺得國文、英文考試是沒有範圍的，尤其是作文。因此，他的高中國文老師鼓勵同學們大量閱讀散文來提升自己的作文能力，像是可以選一本年度散文集，或是自己喜歡的風格的作家的作品來參考裡面的名言佳句，寫出來的作文句子就會漂亮許多。

如何寫漂亮又實用的筆記？

1. 先仔細思考如何分類，再做筆記。
2. 選擇有格線的筆記本，以避免字寫得不夠整齊。
3. 如果只需要照抄的東西，盡量在精神狀況不佳的時候記筆記，精神好的時間就留給比較需要思考的內容。
4. 不要用太多顏色區分重點，簡單的紅、藍和鉛筆三種就夠了。

Q：談談筆記對你的幫助

我把自己不會的內容寫在筆記上，每次考前拿來複習，這樣一來，不會的部分就會慢慢變少，也可以把時間充分利用在比較弱的科目上。

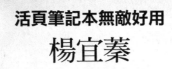

活頁筆記本無敵好用

楊宜蓁

台大法律系
北一女中

　　台大法律系財法組的楊宜蓁，高中時就讀北一女人文社
會資優班，雖然念的是明星高中，但她說自己高一和高二幾
乎都是在街舞社中度過，直到高三才開始好好用功念書。由
於喜愛日本文化，她學測時申請的是台大日文系，但是，到了
指考前，她決定把台大法律系當作第一志願，希望將來能把
自己在課堂上所學習到的法律專業知識，用來幫助更多的人。

歷史筆記首重年代歸類

　　宜蓁說社團忙碌使她念書時間不長，但她告訴自己上課
專心聽講非常重要。她在高一高二的筆記，是把老師上課說
的重點直接寫在課本上。到了高三，為了針對學測和指考做
總複習，她開始將課本裡的重點，比較有系統地整理和歸納
成筆記，做得最仔細的就是歷史筆記。

　　喜愛歷史的宜蓁，會把歷史上相似的事件，按照年代做
整理，並且把課本上一些重要的標題寫在筆記上，包括容易

第十章 近代歐洲的興起

(1337~1453 英法百年戰爭) 民族意識兩漸出現

1417~1434 胡斯戰爭

1517 馬丁路德「九十五條論證」—因信得救 *特聖經得為唯一權威

1534 英國國會通過《國王至上法》→亨利八世 英國國教派〈聖公會〉
　　　羅耀拉成立耶穌會—為天主教恢復(殖民地)勢力 *可離婚一說

1536 喀爾文《基督教要義》—預選論

1544 奧古斯堡同盟戰爭

1545 特倫特宗教會議(天主教會)

1555 〈奧古斯堡條約〉神聖羅馬帝國境內屋民須從其統治者之宗教信仰

1556 菲利普二世統治尼德蘭地區

1568 荷蘭獨立戰爭

1572 法國內戰

1581 組成尼德蘭聯邦

1598 法亨利四世頒〈南特詔書〉保障新教徒信仰自由與政治權力

1604 荷蘭與西班牙停戰(南部e西班牙,北部不被承認獨立)

最大 1618 三十年戰爭 *幾乎所有歐洲國家皆捲入戰場:日耳曼地區

1642 清教徒革命—處死查理一世

1648 〈西發里亞條約〉①保障新教國家獨立②列國體制 神聖羅馬空洞化③結束—統帝國e教派爭

1688 光榮革命

1689 〈權利法案〉確立國會統治原則
霍布斯《巨靈》(功能)
洛克《政府論兩篇》(人民有權在翻專制政府)(自然權利)

1700 西班牙王位繼承戰爭

1714 〈烏特勒支條約〉監督法國與西班牙永不合併

1740 奧地利王位繼承戰爭

1748

1756 七年戰爭 (所有歐洲國家 捲入 海外殖民地) 英(普) v.s 法奧

1763

*外交使節團→常駐外交官

LIVE & Talk!!
①仙貝呼吸
②各自名精彩
③假日寬裡線
④(口袋裡的小宇宙)
⑤未來是圓圈

●歷史筆記首重年代分類。

忘記的，或比較會混淆的部分，做一番有系統的整理。她
發現把課本和筆記分開來記，一方面可以藉由做筆記，讓
自己再重新思考一遍；另一方面是在書寫的過程中，可以
加深印象。

　　由於做歷史筆記做出興趣來，她的筆記也越做越多。有
些筆記只花一、兩個小時就可以輕鬆完成，有些需要花更多
時間，她覺得把這些繁複的內容整理得有條理，是一件很有
成就感的事。

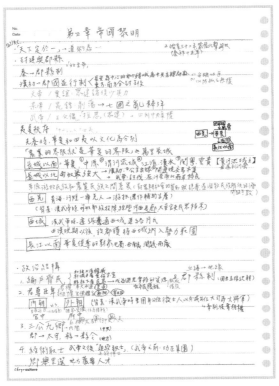

● 用同一個顏色標明不同年代、同類型的歷史事件。

●將答錯的題目貼在筆記本上，隨時提醒自己。

●把相同年代的君王資料統整在一起做比較。

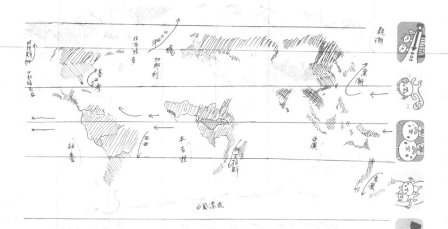

熱帶雨林、
熱帶莽原、
熱帶季風

溫帶沙漠、
溫帶地中海、草原、
熱帶沙漠

溫帶大陸性、季風
副熱帶季風、
夏雨型

極地寒冬、
副北極氣候

西風景流

●自己動手畫地圖，對地理位置更有概念。

活頁資料夾機動性高

宜蓁習慣把活頁資料夾當作筆記本，它的好處在於：可以自由更動內文頁數，按照自己的方式編排順序，在複習時一目了然，方便理解和記憶。

此外，利用活頁資料夾也可以隨時增加補充頁數，機動性高，有時不想帶太多的筆記本時，還可以把筆記內容拆解開來，只帶當天要念的就好。

除了歷史之外，宜蓁也會做地理和公民筆記，她將這兩門社會科筆記放在同一本活頁夾裡，閱讀時更方便。

如何寫漂亮又實用的筆記？

1. 寫筆記時不能心急，字跡要工整、版面維持整齊。
2. 先將老師上課時講的重點自己消化過，再開始寫筆記。
3. 用字體大小區分內容的重要性。
4. 選擇自己喜歡的筆記本，才會有想要好好寫、好好看的欲望。
5. 找到適合自己的做筆記方式最重要。

Q：談談筆記對妳的幫助

時間不夠用時，快速瀏覽筆記重點，對於考前複習有很大的幫助。

寫出讓自己開心的筆記
羽成

台大法律系
桃園高中

就讀台大法律系的羽成，從小就喜歡閱讀，她說一般學生或多或少都對念書有排斥心理，有些人甚至非常討厭上學，但她自己是一個不討厭念書的人，雖然在念書時，有時不免會有一種負面情緒出現，覺得因為應付課業，以至於沒有時間做自己喜歡的事，而心有不甘。於是，她會想辦法讓經常要念的課本合自己的意一些，在上面隨意塗鴉，讓它看起來不會那麼制式化。

高中時羽成是學校的糾察儀隊和旗隊成員，由於社團活動佔據了她很多時間，她更懂得如何掌握念書時間，「我知道自己念書的時間比別人短，反而會好好念。」她認為專心念一小時，比漫不經心地念一整天書還有用。

在課本的空白處做筆記

羽成的筆記是寫在課本裡，她覺得編課本的書商似乎假設學生都會去上課，所以課文內容講解得不多，必須靠上課

陸游詩之特色

- 一生創作以愛國為基調，其創作9300多首，「篇中十九從軍樂」，因此梁啟超推崇其為「亙古男兒一放翁」

- 另有描景之詩，詩句清麗，如「山重水複疑無路，柳暗花明又一村」

- 動蕩的時代，"戰地的生活"，激越的熱情，執著的意志，坎坷的遭遇，造就陸游豐富多元的創作
（曾有軍旅生活:陸游十萬裏亦）

- 詩特色：「曉暢平易，自然工妙，尤擅七律。」
江西詩派 影響

- 其詞，纖麗處似淮海，（秦觀）雄慨處似東坡。或豪放如訴衷情，或婉約如釵頭鳳。

本詩選自陸放翁全集，約作於南宋孝宗淳熙十三年（一一八

十二歲，罷官蟄居於山陰家中已六年，直至作此詩時才又被任用

懷往事和立誓報國的雙重情感，呈現出沉鬱而渾厚的風格，為

篇。學習時，可就下列重點加以注意：

一、認識陸游的詩風。

二、體會本詩壯志難酬的情感。

● 在課本空白處記筆記。

專心聽講來融會貫通，而課本的空白處和每行之間的間隔也頗大，就是要讓學生記筆記用。

平常她會在課文空白的地方，記下老師上課時的重點，這樣做的好處是不用再另外寫在筆記本上，還得不時拿來對照課文，浪費時間。

遇到課本上不夠記筆記的時候，她就用貼便利貼來擴充資料。此外，她也會把考卷答錯的題目一併謄進來，這樣就能更完整地記錄同一章節的內容。

筆記不只抄寫老師的板書重點

羽成說，許多同學會覺得老師的話不重要，寫在黑板上的才是重點，但是她覺得像國文老師在課堂上隨口說的一些經典名句也應該記下來，這樣的話，不用真的看完某本書，就能在寫作文時引經據典。

此外，筆記不是記完就算了，而是要再花時間消化整理，畢竟上課記的筆記是別人的東西，下課之後一定再做整理，才會成為符合自己思考邏輯的東西。

考完試更要做筆記

羽成的高中導師是數學老師，每堂課都會發作業給學生寫，下堂課再作詳解，因此把這些考卷釘起來集結成冊，就成了她準備學測指考的複習題庫。

曾經在段考數學考過零分的她，發憤要學好數學，因此

每次考完試，她會仔細對過老師的詳解，再把還是不懂的題目拿去問老師。

掌握考前衝刺重點

　　學測之前，羽成選擇主要以做題目的方式來準備國文科，倒數二十週的總複習題，她在倒數前十週就寫完了。由於她對於國文和自然科都滿有把握的，所以只花了很少的時間做準備，最後這兩科都得到滿級分，作文還得到全國最高分。

　　她說在準備學測指考時，每個人都應該衡量自己在每個科目上的念書比重，因為滿級分是十五級，再怎麼念也不會變成十六級，一定要花更多時間在補強弱科上。這時，做考古題就很重要，儘可能地把所有考古題都做完，每一科都要寫詳解，增加解題的功力和速度。至於學校模擬考，由於考題水準參差不齊，就不用太在意了。

● 在封面寫上喜歡的字句，讓自己更有興趣翻閱。

世界上獨一無二的筆記本

　　對於愛惜物品、許多東西都想留下來珍藏的羽成而言，當初花了很多心思整理的高中

筆記，當然也是細心保存著，她說全世界只有這一本筆記，是獨一無二的。

喜歡在筆記上亂寫亂畫的羽成，不太喜歡借筆記給別人，以避免別人從筆記當中讀出太多情緒。比如說想睡覺時，寫的字就會很醜，別人看了筆記，就會知道自己當時的精神狀態；對於她在筆記上隨意的塗塗寫寫，也很容易多作聯想。

如何寫漂亮又實用的筆記？

1. 用不同顏色的筆，讓版面看起來活潑生動。顏色不只是標示重點，會讓版面看起來更活潑有變化。
2. 使用尺和鉛筆輕輕地在課本畫上底線，字會寫得工整，寫完之後再把鉛筆線擦掉。
3. 精神狀況好時，筆記記得特別好；因此晚上盡量不熬夜，上課時才能保持最佳狀態。

Q：談談筆記對妳的幫助

在做筆記的過程中，除了可以刺激自己再一次思考，也能夠加強記憶。

Post-it® 狠黏™ 讓我重點牢牢記　讀書更加有效率

狠黏™ 系列，不只任何材質都能狠狠黏住，而且多了格線好寫好閱讀，重點黏住就記住，成績一定GOOD。

任何材質通通都狠黏

國家圖書館出版品預行編目資料

台大特訓班 / 學測指考滿級分研究小組著.
--初版.--臺北市：平安文化. 2011.07
面；公分（平安叢書；第0367種）（樂在學習；3）

ISBN 978-957-803-800-4（平裝）

1.考試 2.學習方法 3.讀書法

529.98   100011435

平安叢書第0367種
樂在學習3

台大特訓班

作　　者—學測指考滿級分研究小組
發 行 人—平雲
出版發行—平安文化有限公司
　　　　　台北市敦化北路120巷50號
　　　　　電話◎02-27168888
　　　　　郵撥帳號◎18420815號
　　　　　皇冠出版社(香港)有限公司
　　　　　香港上環文咸東街50號寶恒商業中心
　　　　　23樓2301-3室
　　　　　電話◎2529-1778　傳真◎2527-0904
總 編 輯—龔橞甄
美術設計—王瓊瑤
印　　務—林佳燕
校　　對—黃素芬‧邱薇靜‧龔橞甄
著作完成日期—2011年
初版一刷日期—2011年7月
初版八刷日期—2018年5月
法律顧問—王惠光律師
有著作權‧翻印必究
如有破損或裝訂錯誤，請寄回本社更換
讀者服務傳真專線◎02-27150507
電腦編號◎520003
ISBN◎978-957-803-800-4
Printed in Taiwan
本書定價◎新台幣250元/港幣83元

● 皇冠讀樂網：www.crown.com.tw
● 皇冠Facebook：www.facebook.com/crownbook
● 皇冠Instagram：www.instagram.com/crownbook1954
● 小王子的編輯夢：crownbook.pixnet.net/blog